教师教育的理论基础与实践路径探索

王 聪◎著

吉林出版集团股份有限公司
全国百佳图书出版单位

图书在版编目（CIP）数据

教师教育的理论基础与实践路径探索 / 王聪著 . -- 长春 : 吉林出版集团股份有限公司 , 2023.10
　　ISBN 978-7-5581-1967-5

Ⅰ . ①教… Ⅱ . ①王… Ⅲ . ①教师教育—研究 Ⅳ . ① G65

中国国家版本馆 CIP 数据核字 (2023) 第 204942 号

教师教育的理论基础与实践路径探索
JIAOSHI JIAOYU DE LILUN JICHU YU SHIJIAN LUJING TANSUO

著　　者	王　聪
责任编辑	李婷婷
封面设计	李　伟
开　　本	710mm×1000mm　　1/16
字　　数	180 千
印　　张	11
版　　次	2024年1月第1版
印　　次	2024年1月第1次印刷
印　　刷	天津和萱印刷有限公司

出　　版	吉林出版集团股份有限公司
发　　行	吉林出版集团股份有限公司
地　　址	吉林省长春市福祉大路 5788 号
邮　　编	130000
电　　话	0431-81629968
邮　　箱	11915286@qq.com
书　　号	ISBN 978-7-5581-1967-5
定　　价	66.00 元

版权所有　翻印必究

作者简介

王聪，女，毕业于吉林大学国际政治专业，博士研究生；现就职于海南师范大学初等教育学院，副教授，副院长，近年来一直从事小学英语学科教学和教师教育研究，在省级以上期刊发表论文20余篇。其中，在CSSCI期刊上以第一作者身份发表论文6篇，参与著作、教材编写2本；主持省厅级项目6项，获得省级教学奖项3项。

前　言

教师是人类社会中历史最为悠久的职业之一，为人类社会的发展作出了巨大的贡献。真正以专业性为特点的教师职业出现在现代师范教育出现之后，历史并不长。社会对教师的需求并非亘古不变，而是随着教师责任的加深而不断变换，教师职业的专业性随着社会历史和经济文化的变迁而逐步加强。它体现了人类步入知识经济时代后对教师的期望，也从广阔的思想和行为层面上对教师的社会生活提出了新的要求。

一直以来，教师在教学中充当着知识传递者的角色，过多地注重学生对于知识的把握以及学生学习成果的获取，而忽略了学习过程与学生能力发展之间的联系，并因此而产生一定的消极影响。从教师方面看，在教学过程中创新不够，内容简单重复，既削弱了教师的创造精神和研究意识，又容易让他们产生厌倦感。在教材层面上，教材表述的话语不只是单纯的认识，还包含了人的思考方式和思想内涵。因此，我们必须一手抓新教师的培养，办好师范教育，源源不断地为教育战线输送合格的师范毕业生；另一手则要抓好在职教师的培训，不断提高在职教师的教育教学能力。

本书第一章为教师教育概述，分别介绍了教师教育的概念及特征、教师教育的发展历程、当代中国教师教育三个方面的内容；第二章为教师专业化的发展研究，主要介绍了两个方面的内容，依次是教师专业化的基本含义、教师专业化发展的基本举措；第三章为教师教育政策发展，主要介绍了两个方面的内容，依次是我国教师教育政策的制定与完善、国外的教师教育制度；第四章为教师教育课程设置探究，依次介绍了发达国家的教师教育课程设置、我国的教师教育课程设置两个方面的内容；第五章为教师教育实践探究，主要介绍了三个方面的内容，分别是教师职前教育实践、教师入职培训实践、教师职后培训实践；第六章为教师教育改革发展趋势分析，分别介绍了教师教育改革发展的社会现实背景、发达国家教师教育改革的主要趋势、我国教师教育的改革与发展趋势。

  在撰写本书的过程中，作者得到了许多专家学者的帮助和指导，参考了大量的学术文献，在此表示真诚的感谢！

  限于作者水平有不足，加之时间仓促，本书难免存在一些疏漏，在此，恳请同行专家和读者朋友批评指正！

王聪

2023 年 2 月

目 录

第一章 教师教育概述 ... 1
- 第一节 教师教育的概念及特征 ... 1
- 第二节 教师教育的发展历程 ... 5
- 第三节 当代中国教师教育 ... 20

第二章 教师专业化的发展研究 ... 25
- 第一节 教师专业化的基本含义 ... 25
- 第二节 教师专业化发展的基本举措 ... 39

第三章 教师教育政策发展 ... 57
- 第一节 我国教师教育政策的制定与完善 ... 57
- 第二节 国外的教师教育制度 ... 59

第四章 教师教育课程设置探究 ... 87
- 第一节 发达国家的教师教育课程设置 ... 87
- 第二节 我国的教师教育课程设置 ... 102

第五章 教师教育实践探究 ... 109
- 第一节 教师职前教育实践 ... 109
- 第二节 教师入职培训实践 ... 123
- 第三节 教师职后培训实践 ... 130

第六章　教师教育改革发展趋势分析 143
　　第一节　教师教育改革发展的社会现实背景 143
　　第二节　发达国家教师教育改革的主要趋势 145
　　第三节　我国教师教育的改革与发展趋势 157

参考文献 165

第一章　教师教育概述

教师教育是专门培养、训练准教师、正式教师的教育，是从"师范教育"概念的基础上发展而来的，把教师的职前教育、入职教育、在职进修三个阶段合为一体。当今的教师教育，是在终身教育理念的指引下，根据教师专业发展的不同阶段，对教师进行职前培训、入职培训和在职研究的总体设计。本章是教师教育概述，主要介绍了教师教育的概念及特征、教师教育的发展历程、当代中国教师教育的发展现状。

第一节　教师教育的概念及特征

一、从师范教育到教师教育

我国历来称教师培养为师范教育，把培养师资的学校称为师范大学或师范学校。学界多将师范教育界定为对基础教育师资进行培训和改进的一种专门教育，包括职前教师的培训、教师的入职教育和在职进修等。

尽管有人将师范教育界定为培养教师的职业或专门性教育，师范教育的实践却不是这样。它们之间的区别主要表现在以下三点：

第一，就形式而言，我国师范教育以教师职前教育为主。例如，师范学校培养幼儿园和小学教师，师范专科学校培养初中教师，师范大学培养高中教师。

第二，就内容而言，我国师范教育多集中于所任教科目的专业教育方面，而对于怎样做一名教师则多以教育学、心理学、教材教法和教学实习为主，这几门课在全部课程设置中占有很小的比例。

第三，在办学模式方面，师范教育实行独立办学模式，职前教师培训全部由中师、师专及师范本科院校承担，学生入学时定向当老师，结业时由政府主管部门统一调配至中小学校及幼儿园授课。师范教育的概念只适用于教育普及度不高、对教师需求较大、教师待遇相对偏低、教师以职前培训为主的情况。随着科学技术知识更新的加快、教育普及程度的提高、教师地位的上升，教师必须不断更新自己的知识结构，改进教育教学方式。

教师教育概念代替师范教育概念并不只是单纯的概念替换，还标志着我国教师培养已步入了一个崭新的历史阶段。教师教育具有丰富的内涵，从内容上看有人文科学教育、学科教育、专业教育和教学实践；在次序上分为职前教育和在职教育；在形式上，既有正规大学教育，也有非正规校本教师教育；在层次上看有专科、本科及研究生教育。可以这样说，教师教育就是职前培养与在职进修相统一，正规教育与非正规教育相结合，多层次、全方位、立体式地对教师进行终身教育。

2001年5月，国务院发布的《关于基础教育改革与发展的决定》中正式、明确地提出教师教育这一概念。教师教育就是教师培养与培训的总称。现在的教师教育以终身教育思想为指导，根据教师专业发展过程中的各个阶段，从职前培养、入职培训和在职研修等方面进行通盘考虑和整体设计，表现为教师教育具有连续性、可发展性和一体化等特点。担负教师教育任务的院校包括现有的不同层次的师范院校或综合性大学等非师范类高等学校。教师教育可以带动教师专业发展，提升教师专业化水平，加速教师专业化进程。

二、教师教育的基本特征

从师范教育向教师教育的改变不仅是观念上的改变，更是从形式到内容、办学方式上的改变与提升。与普通的师范教育相比，教师教育有如下特点：

（一）教师教育是系统的教师培养活动

20世纪90年代以前，教师培养主要集中于学历教育上，故师范院校开展职前教师教育，而教育学院有计划地重点开展在职教师教育。在教师学历达标率和基础教育水平不断提高的情况下，我国教师培养与世界发达国家走过的道路是相同的：师范学校逐步退出历史舞台，教师培养开始由高等院校负责；学历教育与在职进修同步进行的教师倾向高学历化；师范院校不仅开展职前教育也开展在职教育，教育学院既开展在职教育，也开展职前教育；师范院校开设了非师范类专业；有些综合性大学已开始设立教育研究部门，开始教育研究生培养工作。很明显，师范教育的概念已不可能概括教师培养活动了，唯有教师教育才能够统括形形色色的教师培养、培训或者进修活动。教师教育就是教师培养的系统工程。

（二）教师教育是专业化教育

现在许多国家的法律都将教师视为一种专业，并要求对其进行专业化教育。教师教育是将教师培养成教育活动专业人员的过程。这不仅要求教师掌握所教学科的知识，同时还要掌握作为教师的专业知识。教师教育重点关注的恰恰是一名教师所应该具有的专业知识、专业技能和专业实践能力。这并非指教师对所讲授的学科知识不必精通，而是指教师教育要以学科教育为基础或与学科教育同步。换句话说，学生如果想当教师，就必须完成一门学科或者是在完成一门学科学习的过程中接受教师的专业教育。教师专业教育绝不仅仅是传统意义上的三门课程，而是全新的三门课程系列，即教师专业知识课、教师专业技能课和教师专业实践能力课。专业知识课程重点突出教师专业理论知识，如教育哲学、心理学、教育史等课程理论和教学理论；专业技能课程系列在教育教学中突出技能训练，以网络技术为核心，开展多媒体技术教育和心理咨询及辅导等；实践能力课程系列包括备课、上课、辅导、课堂管理、语言和交流技巧。教师教育就是执行这些专业教育活动的教育。

（三）教师教育是开放式教育

将教师教育视为专业教育，教师教育就可视为与法律专业教育、工程专业教育等其他教育并驾齐驱的教育，既可采用独立封闭的制度进行发展，也可采用开放制度进行发展，使教师教育融入整个高等教育体系之中，成为高等教育的组成部分，从而拓宽教师教育渠道。这就要求综合性大学和专门性大学均可设立教育学院，对各学科专业愿意成为教师的学生进行教师教育。例如，建筑专业学生如果想成为教师，就可一边修这门课程，一边去教育学院读教师教育课程取得工程教育学士学位；或者在读完这门课程取得工学学位之后，去教育学院主修教师教育课程取得教育硕士学位。与此同时，师范院校有必要在原有的基础上强化教师专业教育，还要逐步向综合性大学转变，并设立教育学院进行专项教师培训活动。开放性也说明了这一理念在国际上具有普适性，利用教师教育有助于在教师培训、成长等方面与他国展开对话和沟通。因此，以教师教育表述我们对教师的培养与改进是比较恰当的。

（四）教师教育是终身教育

随着科技的发展，计算机、微电子技术、无线电通信技术以及其他现代信息技术被发明以来，已经出现知识信息处理、储存和传播的有效方式。社会已成为学习化的社会，人们将进行终身学习。在这一形势下，教和学的模式正在经历一场深刻变革。学生能够通过网络等传媒技术学习到很多知识和技能，而学校已经不是学生接受教育的唯一途径了。对于学生而言，在校期间需具备知识管理方面的能力、语言与交流方面的能力、信息技术方面的终身学习能力，掌握一定的历史文化知识，形成尊重知识及其文化差异的心态等。教师的作用正在悄然发生革命性的改变：从"教师"转变为"导师"。教师的作用主要是帮助学生在信息化世界里识别、鉴别和获得知识，引导他们掌握信息技术并养成终身学习的能力。所以，教师在进行职前教育的同时，还必须进行在职进修和终身学习。教师教育的理念也涉及终身教育理念。

总之，教师教育是体现教师培养整体性、专业性、开放性和终身性的系统"大教育"。整体性就是将教师培训、进修、提高视为职前、职中一体化或者系统化工程；专业性就是教师不仅是一个专业，还是一种特殊专业，教师培养就是以学科为基础进行专业训练；开放性意味着教师教育呈现多元化，在培养机构上既可独立设立教师教育院校进行教师培养，又可由综合性大学、专门理工大学设立教育学院进行教师培养，更可在中小学校基础上进行教师培养；终身性意味着教师不但要进行职前学习，还要进行在职学习。人类社会已进入了学习化的社会，这一社会需要教师以一生的持续学习来完成教师的任务。因此，师范教育向教师教育的过渡，表明我国的教师培养进入一个崭新的历史阶段。

第二节 教师教育的发展历程

在人类社会漫长的发展历程中，教师是一个有着悠久历史的特定社会职业。教师教育的基本制度是一个国家的教师教育制度安排和教师教育结构模式的基本规定。在我国，教师教育基本制度不断地随着经济、政治、文化和教育的发展而演变。世界各国的教师教育制度在其历史发展中呈现出各自的特色。

一、发达国家的教师教育发展历程

世界上许多国家都结合自己的具体国情，以建立健全教师教育制度为基础教育输送合格优质的教师。随着全球化与信息化社会的到来，世界各国都面临着大体相同的教育问题，如基础教育普及化、高等教育大众化、教师专业化和教师教育专业化，这些都使教师教育制度改革面临着共同性的问题。

下面简要介绍一些发达国家教师教育的发展历程：

（一）美国的教师教育发展历程

19世纪初，美国教师教育体系开始建立，受经济、政治、文化等因素的影响，美国教师教育体系是由师范院校到教师学院，再从教师学院到综合大学教育院系。20世纪90年代以来，教师教育发展的趋势呈现教师专业化和教师教育专业化的特点。

1. 师范学校阶段

19世纪初期，为适应工业发展的需要，美国公立学校日渐增多，学校所碰到的最大的困难不是教学和课程问题，而是专业师资的缺乏，急需培养大量的教师来满足教学的需要。在这种背景下，1839年，在赛罗斯·皮尔斯（Cyrus Peirce）的领导下，美国于马萨诸塞州的列新顿（Lexington）创建了第一所师范学校。也有人认为，第一所师范学校是由塞缪尔·霍尔（Samuel Hall）于1823年创建的。师范学校创始人的理念就是将师范学校办成专门培养教师的地方，严格按标准培养教师，使教师培训更为专业，以便向中小学校输送专业教师。当时，教育发展规模不断扩大，对教师的需求急剧增加，仅仅几所正规师范学校所培训的教师人数远不能适应教育发展对人才的要求，因而迫切需要向社会招聘大批具有一定文化水平，而又未受过专门教师培训或者正规教师教育的人才来校任教。正规师范学校都固守着严格的规范，学生学起来费时费力，并没有很多人到师范学校学习，因此，正规的师范学校发展很缓慢。美国南北战争时国内仅有 12 所州立师范学校。纵观 19 世纪，多数进入中小学校执教的教师都未取得师范学校毕业文凭。很多城市都建立了简易师范学校来培养下属学区的师资。有些中学设置了某些短期教学法课程，学生在学习之后，很快就回到自己所在的学校当教师。

在这样的形势下，师范院校的管理者们抛弃了当初创建师范院校时的设想，为了满足师资市场的需求，放宽了招生、毕业等方面的条件和标准，师范院校的规模随之快速扩大。从 1865 年到 1890 年，州立师范院校从 15 所增加到 103 所，很多州还要求一个地区的教师必须具备师范学历。至此，美国独立师范教育制度正式确立[1]。

2. 教师学院阶段

19 世纪后期到 20 世纪初，随着现代化的发展，人们对公民的知识、道德和劳动能力的提高越来越关注，美国开始提高普及教育的标准，既注重基础教育人数的增加，又注重教育质量的提高，中学教育逐渐成为公共教育的一部分，同时，小学教育水平低下也成为国家与大众共同关心的问题，师范学校不能满足新时期的师资需求。20 世纪初，美国的教师教育开始向社区学院、教师学院或教师学院转变。

美国的师范学校转变为社区学院和教师学院有许多原因，主要包括以下几个方面：

第一，美国开始向中学普及基础教育，以往师范学校招收的学生都与中学生的水平相当，由这样水平的教师来教小学或中学显然不符合教育发展的要求。这不仅在美国如此，在其他西方国家也是如此。

第二，在美国教育界存在着师范性和专业性之争。有一些学者主张停办师范学校，由普通高等学校培养师资；还有一些学者认为，为了满足教育发展的要求，要提高教师培养的规格，把师范学校办成可以授予学位的教师学院。

第三，美国教师专业认证制度开始形成。1902 年，美国中北部地区中等院校和大专院校协会要求在本协会任职的高中教师必须从该协会或经相应专业团体批

---

[1] 朱成良.通古今教育之变 推进社会进步的教育制度述评[M].苏州：苏州大学出版社，2012.

准的高等院校毕业，这一规定促使部分师范学校升格为教师学院。

第四，美国教育专业团体关于提高教师质量的诉求与政策建议。1908年，美国最大的教育专业团体——全国教育协会（National Education Association，简写为NEA）发表声明，要求各州的师范学校加快向教师学院过渡，建议师范学校招收高中毕业生，培养中小学教师。中小学教师的培养年限为两年，中学教师的培养年限为四年。教师培养机构还应开展教育科学研究。

第五，市场的压力。师范学校的发展在很大程度上是由各州学区的师资需求所决定的。但是，学生群体的需求也成了一个不可忽视的推动力量。学生上师范学校并不只是想成为一名教师，更不只是达到教师的水平就够了。由于师范学校等级不高、社会声望不高等，在师范学校读书的学生和他们的父母也都想让学校升格。

基于以上原因，当时美国各州的师范学校很快转变为教师学院，这使得美国教师教育制度得到了较大的发展。师范学校发展为教师教育学院，有助于教师培养质量的提高。教师学院的招生对象为高中毕业生，入学起点较高、学习时间较长、学习内容较多，因此美国教师教育也变得更加专业化。

3. 综合大学教育院系阶段

在美国，教师学院阶段历时不长。教育学院在20世纪30年代后，开始发展为多目标的文理学院和综合性大学，教师教育也随之成为大学教育的组成部分。有些综合性大学设立了教育学院或者教育系，担负着教师培训的任务。在这之前，美国已有许多综合性大学在培训教师。其中，纽约大学开创了中小学教师培训的先河。布朗大学于1850年成立了教师教育部，之后综合性大学相继成立了教育学院或者教育系，对教师进行培训和教育研究。至20世纪50年代，美国的教师学院多已发展为综合性高校，或者原来的教师学院并入高校成为高校的一个院系。综合性大学亦多由教育学院或者教育系担负教师培养工作。20世纪美国教师培养的历史可视为一系列组织变迁的过程，从师范学校到教师学院，从教师学院到多目标的文科学院，再发展为地方州立大学。

4. 教师教育专业化

在1985年到1986年期间，美国政府关于教师教育改革发表了四份重要报告,这些报告对传统的教师教育制度的政策予以支持。其中,第一份报告是在 1985 年由美国教师教育学院协会(American Association of Colleges for Teacher Education,简写为 AACTE)提出的《教师教育改革的召唤》,这份报告主要围绕着高质量教师的输送与需求、教师教育专业化、教师教育的责任、教师教育的资源以及必要的高质量教学支持条件五个主题进行讨论。

美国的教师教育制度在 20 世纪 80 年代之后进入了专业化发展阶段。教育学院在美国的每所大学都有设立,培养未来的教师,并为他们授予教育学位。只不过,到教育学院就读教师教育专业的学生都正在修或已经修过学科专业课程。

在美国教师教育制度发展的过程中,教育理论研究为教师教育提供了知识基础,使教师教育走向专业化,各高校纷纷成立教育学院、教育系专门从事教师教育工作。20 世纪 30 年代以来,美国学者在心理学和教育学方面取得了丰硕的成果,涌现出大批心理学家和教育学家,如心理学家爱德华·李桑代克(Edward Lee Thorndike)、教育学家约翰·杜威(John Dewey)等。心理学和教育学的研究成果为教师教育提供了知识基础和方法论基础,要求教师不仅要掌握足够的学科知识,还需要掌握教育专业的知识和技能。教师必须接受严格的培训,教师教育成为高校的专业部门。美国综合性高校等文理学院相继建立了教育学院或者教育系以培训教师。

基础教育需要高素质的教师,这是教师学院向综合性大学教育学院或教育系过渡的动因。20 世纪 30 年代以后,美国基础教育由重数量的发展转向重质量的提高,中小学校不再只要求有足够数量的教师,还要有足够的高素质、专业化的教师从事教育工作,而当时美国的教师学院并不能适应这一要求。特别是 20 世纪 50 年代后,美国和苏联的竞争促使美国对基础教育进行改革,以便提高教师的质量。1958 年的《美国国防教育法》规定,政府不仅要拨款扶助数学、科学和外语的教学,还要求加强对中小学教师的培养。

(二)英国的教师教育发展历程

18 世纪中期,英国出现了教师教育。18 世纪 60 年代的产业革命促进了教育事业的发展。英国国会于 1870 年通过了《初等教育法》。为了适应基础教育对教师的需求,英国国教会的牧师安德鲁·贝尔(Dr.Andrew Bell)和公谊会的教徒兰卡斯特（Lancaster）创立了导生制。导生制是指先让成绩较好、年龄较大的学生向教师学习，再让这些学生去教其他学生。导生制缓解了当时学校缺乏教师的状况，但导生制毕竟只是一种应急措施，不能从根本上解决教师培养的质量和数量问题，这就需要建立正规的教师教育制度。19世纪中期，英国枢密院教育委员会首任主席凯·沙图华兹（Kay Shutleworth）于1840年首次在英国以个人的名义创办了巴特西师范学院培养小学教师，后该学院被收为国会所有。英国有组织的私立教师教育自此开始发展。英国公立的系统教师教育制度是在20世纪初才建立的。1902年英国《教育法》颁布后，地方政府获得了出资兴办师范学院的权力，由此开启了公立教师教育的办学之路。在这种情况下，公立的师范学校与私立的教师教育同时存在，而中学的师资仍然是由大学来培养的。20世纪30年代，教育委员会把组织教师证书考试的工作下放给各地区的教育学院、大学和教育联合委员会。中央主要是检查考核标准是否适当。到第二次世界大战前，英国培养中学教师的师范院校开始向大学转化，由原来的三年制变为四年制，小学教师的培养也开始向高等教育靠拢。

第二次世界大战之后，英国为了保持国际竞争力，十分重视教育的发展和教育的改革。英国教育委员会对教师教育进行了调查和研究，研究报告表明，英国的教师教育已经不能满足基础教育发展的需求，因此需要尽快对教师教育体系进行改革。在采取何种体制的问题上，委员会的意见不一。有人认为，大学和师范专科学校应以同等的地位兴办师范教育；也有人认为，应由大学承担培养师资的任务。最后，委员会认为，应建立协调各地师范教育工作的地区师资培训组织。1947年，第一批地区师资培训组织成立。几乎所有的大学都参加了各地区的师资培训机构并成为机构的牵头者。这就打破了过去教师教育的封闭状态，把专门负责教师教育的教育学院和大学联系起来，但教师教育还不属于大学教育。

自20世纪60年代以来，英国的教师教育已不再局限于师资的数量，而是更多地关注和要求师资质量的提高，只有将教师教育和大学联系起来才能满足这个要求。英国先后对中小学教师的招聘条件作出明确的规定：未受过教师教育的大学生要想从事教育工作，就必须经过师范学校的培训。英国实行的是大学教育与师生教育一体化的教育体系。之后，人们对当时的教师教育体制提出了批评，认为地区师资培训组织的工作效率不高，教师教育课与中小学教育的实际脱节，培养的教师质量不高。

1970年，约克大学成立了一个研究小组，由詹姆斯副校长担任组长，致力于对师范教育的发展进行研究。詹姆斯的研究结果于1972年发表，其提出的"师资培训三阶段法"将教师培养分为"个人高等教育、职前专业训练、在职学习"三个阶段的综合培养模式。政府接受了其中的一部分建议并于1973年出版《非大学部分高等教育的发展》一书，为教师教育体制的改革提供了具体措施。在政府的提议下，英国对教师教育体制进行了重大改革：第一，撤销原先以大学为主体，由大学和地方师范院校、有关院校和地方教育当局及教师教育团体等组成的对师资培训起协调、监督和保证作用的地区师资培训中心，建立起由全国教师教育和培训委员会统一领导的15个地区委员会，教师教育的规划和经费分配由教育和科学部、全国教师教育和培训委员会、地区委员会负责；第二，定向教师教育和非定向教师教育相结合的体制，开始全面向非定向体制转变。

至20世纪80年代，英国已没有专门培训教师的独立机构了，实行的是非定向教师教育制度。教师教育在大学教育院系、多科技术学院、高等教育学院中已成为重要的专业。进入20世纪90年代后，多科技术学院相继晋升为高校，进行教师教育的机构主要包括大学教育系或者教育学院以及高等教育学院。英国的综合性大学均设有教育学院或者教育系，它们是英国教师教育中的主力军。这些院系为已获得其他学科专业学位并愿在未来从事教师职业工作的本科毕业生提供多种教师教育课程，包括学前教师教育专业、小学教师教育专业、中学教师教育专业和特殊教师教育专业，是英国中小学教师尤其是中学教师的重要来源。英国除大学教育院系之外，还设有一种类型的教师教育机构——高等教育学院。高等教育学院是各类教育学院的简称，包括高等教育学院（College of Higher Education）、教育学院（College of Education）、技术学院（College of Technology）、工艺学院（College of Arts and Technology）和继续教育学院（College of Further Education）等，这类学院主要培养小学教师。这类学院并不只是培训教师，还开设了其他类别的专业来培养各种人才。英国教师培养体制主要由大学与高等教育学院共同组成，实行开放式教师教育体制。

英国的教师进修和培训制度较为完备。与其他国家相同，英国的教师继续教育可以分为脱产进修、半脱产进修和不脱产进修。脱产进修受到严格控制，要求教龄在五年以上的教师才能提出申请，且获批准者不多。在英国，业余进修或者半脱产进修在全国范围内都得到了鼓励，业余进修在英国教师进修中占据主导地位，大学、高等教育学院和其他教育机构都为在职教师开设了继续教育课程。

英国在20世纪80年代出现了新的教师教育模式，这就是校本教师教育（School-Based Teacher Education）。在该模式中，学校和教师在整个培训过程中发挥着主导作用。教师教育和其他的专业教育有所不同，它是实践性很强的专业。大学教育学院一定要与学校课堂联系起来。1992年，英国教育与科学部的咨询报告《职前教师培养的改革》强调，中学教育硕士学位五分之四的课程和中学教育学士学位四分之一的课程应该以校为本。1993年，英国政府发表了《职前教师培训改革》蓝皮书，其中，关键的是撤销教师教育资格认定委员会，建立了教师培训机构，目的是为所有的职前教师培训课程提供资助并加以控制，以往由高等教育支配的教师培训经费资助权逐渐转移到教师培训机构的手中，以中小学校为中心的课程逐渐增加。

（三）德国的教师教育发展历程

德国国民学校的师资培养机构建立于18世纪。18世纪初到19世纪初，教师教育体系以师范学校为主，旨在培养小学教师，招收小学毕业生，由两年制延长为六年制，包括三年的准备教育和三年的专业教育，课程内容广，其层次与中等教育相当。师范学校是德国教育体系中的特殊部分，除萨克森自由州外，各州的师范学校的毕业生并不能进入大学学习，在毕业后只能做教师。学生在毕业后要在小学任职六年，担任助理教师一年，再试教一年，之后才能成为正式教师。

在国民教育普及的背景下，基础教育学校对于教师素质提出了全新要求。魏玛共和国时期，师范专科学校成立，开始招收高中毕业生，学制两年，实行专业教育，课程设置主要包括学术理论、专业技术和实践三大类。当时，教师教育已属高等教育范围，学生在完成课程之后要经过一次国家考试，在考试合格之后，要到国民学校接受教育见习；在见习之后，须通过第二次国家考试才算合格。中学教师多由高校培养。但是，在20世纪30年代，这些隶属高等教育的师范专科学校却改设为"师范养成所"，恢复为中等教育水准。

当前，德国中小学教师的培养基本都是通过大学、专科大学和高等师范学校来进行的。大学以培养九年制的完全中学教师、六年制的实科中学以及与高中阶段相当的职校师资为主，高等师范学校则以培养小学教师、五年制教师为主。但是，德国专门的师范院校越来越少。关于大学教师教育专业、高等师范学校入学制度等问题，德国规定只有完全中学毕业生才满足教师教育的统一标准。

德国的中等教育分为主要学校、实科学校和完全中学。学校的主要目标是把实施基础教育与为大多数学生进入劳动界所需要的预备教育结合起来。实科学校的地位介于主要学校和完全中学之间，包括第五年级至第十年级。实科学校的任务是为农、工、商及手工各界培养中级人才。完全中学以严格的学术教育和高质量的教学水平而著称，特别重视外语教学，要求毕业生至少掌握两门外语，完全中学毕业生原则上都有资格进入大学学习。所以，教师教育专业只接受完全中学毕业生，说明教师教育专业和其他专业已经有了同等的地位。

德国各州的教师教育大体上采取两种形式：

第一，按照学校教师的类型培养。德国的中小学教育可以分为基础学校、实科学校和完全中学，德国的大学和高等教师教育院校就是按照不同学校教师的类型进行教师教育的专业和课程设计的。

第二，按照初等教育教师、中等教育第一阶段教师和中等教育第二阶段教师等不同的教育阶段对教师分别加以培养。

德国个别的州也有不同的做法，如1984年，汉堡划分为四个教师类别：一是跨学校形式的基础教育阶段和中等教育第一阶段的教师，二是特殊学校教师，三是普通中学高级阶段教师，四是职业学校高级阶段教师。德国十分重视在职教师的继续教育，主要分为在职进修提高和留职带薪学习两种。德国公立学校的教师是国家公务员，每一个国家公务员都有义务进修业务，以提高工作能力。所以，每一个公办学校的教师都有责任参加进修。进修主要选择在周末等业余时间进行。如果进修需要离开一段时间，如去参加大学和教育学院开展的"实习教师研讨班""学科进修班"或由教师进修中心举办的集中培训就按公派学习处理。留职带薪进修是指在学校同意的条件下，暂时离开工作岗位到大学或有关教育机构学习，以获得学位或更高一级的资格或另一个资格等。

二、中国的教师教育发展历程

（一）近代中国教师教育制度的创建

1. 清末中国教师教育制度的初创

中国现代的师范教育始于清末。清末时期是中国封建社会逐步瓦解的时期，从1840年的鸦片战争到1911年辛亥革命终结清朝统治为止，是中国历史上最为动荡的时期之一。

在这种情况下，一些仁人志士开始探寻中国的复兴和发展之路，逐步认识到封建教育和科举制度成为束缚中国人创造精神的锁链。以曾国藩、李鸿章、左宗棠、张之洞等为代表的洋务派发起了"洋务运动"，在"中学为体、西学为用"的原则指导下，西学得以在中国广泛传播，新教育开始兴起。洋务派开始在中国兴办新式学校，其中有外语学校、工业技术学校、军事学校、商业学校等，以培养新式人才，同时选派留学生到国外留学。洋务运动在封建制度条件下只是学习西方的一些技术，以"师夷长技以制夷"为目的，但是由于其他的配套改革没有实施到位，最终宣告失败了。

洋务运动失败后，以康有为、梁启超等为首的维新派发动了"戊戌变法"。维新人士认为，仅仅学习和掌握西方的一些技术是不够的，更需要从制度上对封建帝制进行改革，提出了"君主立宪"，并获得了光绪皇帝的支持。他们在教育方面提出废除科举制度，全面推行新教育制度。由于戊戌变法触动了封建统治集团的利益，最后在强大的封建保守势力的镇压下失败了。

洋务派提倡"新教育"运动，开始在中国创办新式学校，中国师范教育就是在这一背景下产生的。中国第一所师范学校——上海南洋公学师范学院成立于1897年。1902年，京师大学堂（北京大学的前身）建立的师范馆是我国高等师范院校的雏形。以师范教育作为教育的重要内容来建设则是在1902年后才开始的。1902年，教育大臣张百熙制定了《钦定学堂章程》，即"壬寅学制"。这是中国现代教育中第一个完整学制，不仅明确规定了初等教育、中等教育和高等教育，还对师范教育进行了相关的规定。学制规定建立属于中等教育的师范学堂和属于高等教育的师范馆。这形成了中国近代最早的中等师范教育和高等师范教育，表明中国近代独立师范教育体系的建立。但是，这一学制在颁布之后并未得到实施。

1903 年，张百熙、张之洞和荣庆等人重新制定《奏定学堂章程》，这是我国最早正式公布、全国施行的学制之一。《奏定学堂章程》将师范学堂划分为两个层次：初级师范学堂和优级师范学堂。初级师范学堂与中等教育处于同一水平，以培训初等教育师资为使命，各州县都设有初级师范学堂。省城初级师范学堂在完全科之外设立简易科以满足教师培养之需。完全科五年制教育入学年龄为 10～25 岁。《奏定学堂章程》还规定：初级师范学堂在完全科、简易科的基础上，增设预备科、小学师范讲习所等，具有补习班的性质。

总之，我国师范教育在清朝末年已初步建立起一个独立的师范教育体系。从制度看，这个师范教育体系包括高级师范学堂和初级师范学堂（包括简易师范科、预备科和小学师范讲习所等）。从管理的角度看，师范教育是公立的，是政府出资创办的；师范生享受公费待遇，免学杂费和食宿费，书籍费和服装费酌情支付。这一切对于保障我国师范教育的发展具有十分重要的意义。但是，当时新学制并没有得到切实的贯彻。

2. 民国时期教师教育制度的建设

1911 年，孙中山先生领导的辛亥革命推翻清王朝统治。1912 年中华民国临时政府成立。中国结束了两千多年的封建统治，开创了中国历史的新纪元。中华民国临时政府一建立就马上设立了教育部。1912 年 9 月，当时的教育部公布《师范教育令》，规定师范学校为省级建制，县可设立师范学校或两县可联合设立师范学校；高等师范学校是教育总长在全国范围内统计、指定位置、确定校数再分别设立。当时，全国设有 6 所高等师范学校：北京高等师范学校、沈阳高等师范学校、武昌高等师范学校、四川高等师范学校、广东高等师范学校和南京高等师范学校。那时各省都建立了师范学校，有的省份还建立了高等师范学校。

1919 年后，我国在美国师范教育蓬勃发展的冲击下，出现了否认教师职业专业性、否认教师需专门培训以及师范教育独立设置等思潮，导致独立设置的师范学校并入高中，独立设置的高等师范学校改为大学。全国独立设置的高等师范学校仅有北京师范大学、北京女子师范大学。独立师范教育体系被摧毁，师范教育开始衰落。此后，取消师范教育的主张更是不绝于耳。1932 年，《改革我国教育之倾向及其办法》一文，建议大学以农、工、贸、医为中心，并将当时的师范教育全部废除。此后，师范教育在我国的发展陷入了低谷。1923 年至 1938 年这 15

年间，中国没有独立的高等师范院校。废除独立设置师范教育体制的做法使基础教育师资素质下降、教师来源减少，极大地影响着初露端倪的教育事业，由此，引发了热心于师范教育事业的各阶层人士对于废置独立师范教育问题的激烈批判。直至1929年，迫于种种舆论压力，各省考虑将师范学校与中学合并带来的损失，重建师范学校，独立师范教育体制开始复苏。

恢复师范教育制度并非对过去独立师范教育制度的简单重复。师资培养方式呈现多样化，开放性。从1928年起，部分大学设立了教育学院，参加中学师资培训工作。1937年颁布的《训练中学师资暂行办法》规定，大学教育学院或教育学系学生，需选定其他学院之某一学系，或国学院其他学系作为辅系，所修之主要专门学科须在50学分以上；大学教育学院之外的各学院的学生自愿毕业后任中等学校教员的，必须修满12学分以上的教育理论和其他教育学科，并另发给中学某科教员证明书；师范大学招收大学和专科学校的毕业生，他们要接受一两年教育学训练才能为职业学校培养师资。这一规定说明，非师范类大学可通过建立教育学院来培养师资，师范大学则可招收其他高校毕业生对他们进行教育学方面的培养。此外，课程设置进一步强化教育学的专业内容和学时。与此同时，乡村师范学校蓬勃发展。

抗日战争全面爆发以后，中国的师范教育遭到了严重的破坏。1938年，在湖南蓝田创办了全国第一所独立设置的师范学院。

（二）中华人民共和国教师教育制度的建立与发展

中华人民共和国成立后，非常重视发展师范教育，在师范院校复办与设置的前提下，从整个国民经济与社会发展需要出发，着手构建独立定向师范教育体系。这一巨大的教师教育体制是教师教育健康发展的基本保障。我国教师教育制度具有以下特征：办学体制为国家办学，管理属政府管制，办学模式是独立定向的，体系分为四级两类。"四级"即中等师范教育、高等师范专科教育、高等师范本科教育和教育硕士专业学位教育；"两类"为师范院校和教育院校（含教师进修学校）。

1. 中等师范教育体制的发展

中等师范教育以培养小学教师和幼儿园教师为主要任务。中华人民共和国成立后，随着初等教育和幼儿教育事业的不断发展，中等师范教育随之得到了一定的发展，师范学校正常的教学秩序得到了恢复，中等师范教育主要实行独立定向体制。第一次全国初等教育和师范教育会议上制定并颁布了《师范学校暂行规程（草案）》，以及师范学校、幼儿师范学校、初级师范学校和师范速成班教学计划等文件。

《师范学校暂行规程（草案）》对师范教育体制方面的规定主要有：

第一，师范学校的任务是培养具有中等文化水平和教育专业的知识、技能，全心全意为人民教育事业服务的初等教育和幼儿教育的师资。学制三年，招收初级中学毕业生或具有同等学力者。师范学校还可举办速成班，学制一年，还可设函授部。

第二，在办学体制方面，除了师范学院附设的师范学校外，规定均由省、市、县人民政府设立，并接受省、市教育厅、局统一领导，私人或私人团体不得设立师范学校或任何师资训练机构。

第三，课程管理方面，规定了课程计划等，还具体规定了学生学习成绩的考查、升留级、转学、毕业等事项。

第四，对学生在校的待遇实行人民助学金制度，毕业后由教育行政部门分配工作，但学生毕业后至少在教育部门服务三年，在此期间不得升学或担任其他职务。

第五，在学校内部管理体制方面，规定实行校长负责制。

第六，师范教育的投资体制是省、市设师范学校经费开支标准，由省、市教育厅、局规定，报请大区教育局备案，并转中央教育部备查。这些规定标志着中国独立的中等师范教育体制的建立。

1953年至1957年，为适应初等教育的稳步发展和提高教育质量的需要，为了给小学培养素质较高的合格教师，在"整顿巩固、重点发展、提高质量、稳步前进"的文教政策的指引下，开始对师范学校的发展进行调整，并规定师范学校应有计划地跟随初等教育的发展而发展。1956年前后，教育部吸取以往办学经验，先后制定和颁布试行了《师范学校规程》《师范学校附属小学条例》《师范学校教育实习办法》，编写并出版了师范学校各科教学大纲和教材。至此，中等师范教育已经有了明确的办学方针。1961年，中央提出了"调整、巩固、充实、提高"的方针，从而使得师范学校及学生数量都减少了，但教学质量得到了提高。

1978年，教育部下发的《关于加强和发展师范教育的意见》明确指出，要大力发展师范教育，要求各地区必须下大力气把师范教育搞好。1985年，《中共中央关于教育体制改革的决定》对已确立的中等师范教育体制给予了肯定和加强。但是，2008年全国各地中等师范教育学校都经历了"撤并挂升"转型改制，逐步退出了教育历史舞台。

2.高等师范院校的发展

中华人民共和国成立以后，师范院校的正常教学秩序得到恢复和建立，地方人民政府派出领导干部对师范院校进行管理。当时，中国独立建立的高等师范院校只有12所。教育部于1949年末提出对北京师范大学及各地高校中师范学院或教育学院进行改造的任务，1950年5月正式发布《北京师范大学暂行规程》。其中，规定师范大学以中等学校师资培训为主，以教育行政干部培训为辅。为进一步规范高师院校办学目标和行为，我国政府先后颁布了许多重要法规。

1951年，第一次全国师范教育大会明确提出要将正规师范教育和大量短期训练相结合，规定了高等师范院校的调整原则及设置原则：

第一，每个大行政区内至少建立一所规范的师范学校，直接由大行政区的教育部管理，培养高级中等学校师资。

第二，对现有的师范学院进行整顿和强化，完善学院的科系，添置设备。

第三，现有的存在于大学中的师范学院或教育学院要争取独立设置，要设置文理方面的科系。

第四，个别大学的文理学院可作为独立师范学院的基础。

第五，师范学院教育系以培养教育学、心理学等科目的教师为主要任务。

第六，在有条件的院校中建设一两所幼儿师范专业。

《关于高等师范学校的规定（草案）》具体规定了高等师范院校的体制制度：

第一，高等师范学校分为师范学院和师范专科学校两种类型。

第二，高等师范学校的任务为培养高级中学及同等程度的中等学校师资，师范专科学校培养初级中学及同等程度的中等学校师资。

第三，规定了高等师范学校的学制，师范学院修业年限为四年，师范专科学校修业年限定为两年。

第四，规定了办学体制，以及高等师范学校的设置、变更的方式。

第五，规定了管理体制，大行政区设立的师范学院由大行政区教育部（文教部）直接领导，省（市）设立的师范学院及师范专科学校由省（市）教育厅（局）直接领导。

第六，对课程管理也进行了原则规定，如提出要制定各系科及各科目的教学计划，把参观与实习作为课程的重要组成部分。

第七，对学生的招生和分配作了原则上的规定，高等师范学校招收高级中学及师范学校（需服务期满）毕业生或具有同等学力者，还招收高级中学和中等师范学校的保送生，这些保送生毕业后到人民政府教育行政部门工作。

第八，制定了助学金制度。

上述规定初步确立了中国独立的高等师范教育体制，但当时还有一些师范学校或教育学院附属于综合性大学。

1952年以来，全国院系调整规模较大，其中师范院校均改为独立设置，高等师范院校有了长足的进步。1953年，教育部在北京举行了中华人民共和国成立以来首次全国高等师范教育会议并通过了政务院《关于改进和发展高等师范教育指示》。会议就高等师范教育制度的完善、建设与发展做了政策性规定。

1960年，召开了师范教育改革会议，会议就1953年以来师范教育存在的问题以及改革的方向和原则交换了信息和看法，提出高等师范院校要"相当于综合大学的水平"这一口号，提出了各级师范学校教学改革建议。1961年10月，召开了全国师范教育工作会议。经研讨，会议认为高等师范教育并不在于是否要办，而在于怎样办好，因此对高等师范院校毕业生的政治思想品德要求较高，要求其文化科学基础知识更深厚广博一些，等于综合大学的同科水平，另外，其还应该具备特殊的教育理论知识和技能技巧。

1980年6月，教育部在北京召开了全国师范教育工作会议。这是中华人民共和国成立以来的第四次全国规模的师范教育工作会议。该次会议总结了中华人民共和国成立三十年间师范教育工作的经验，进一步明确了师范教育在整个教师事业中的重要地位，强调建立一个健全、独立的师范教育体系的重要性，重申了师范教育的基本任务和各类师范院校的办学方向。1985年，中共中央发布的《关于教育体制改革的决定》进一步强化了师范教育体系的重要性。

3. 教育院校系统的发展

我国的师范生教育制度还包括两个比较独立的师范生教育制度：教育学院和教师进修学校。教育学院分为省级和市级两个级别，而教师进修院校属于县级（市或区）。省级教育院校主要负责高中教师的培养，地市级教育院校主要负责初中教师的培养，教师进修学校主要负责小学教师和幼儿园教师的培养。

教育学院和教师进修学校在我国的教师教育体制中占据着非常重要的地位，1980年的全国师范教育工作会议重点讨论了教师进修院校，并在《关于师范教育的几个问题的请示报告》中对教师进修院校的人员编制、经费保证、办学形式等做了规定。这就为教育学院和教师进修学校的发展提供了良好机会。按规定，教育学院与教师进修学校共同承担着对在职中、小、幼教师的培养工作。但是，由于我国中学教师有一大部分未完成国家规定的学历教育，学历合格率较低，有许多中师毕业生在初中和高中任教，因此省级教育学院的主要任务就是帮助高中教师进行学历"补课"，即招收专科毕业或水平与专科毕业生，经两年教育后颁发本科文凭；各城市教育学院以招收中等师范学校毕业文凭教师为主，通过两年教育颁发大学专科毕业文凭，教师进修学校则是以对没有中等师范学校毕业文凭的小学教师进行"学历补偿教育"为主。因此，无论是教育学院还是教师进修学校，其主要任务都是进行"学历补偿教育"。

在20世纪90年代后期，这种"学历补偿教育"的任务就已经基本完成了，教育学院与教师进修学校的使命随之开始发生变化，教师进修学校以小学校长与小学教师的继续教育为主要任务，重视教师进修学校的原本面貌。

教育学院的任务开始向继续教育方向转变，同时开办本、专科的成人教育。由于教育学院承担的任务与师范院校所承担的任务类似，加上教育学院师资力量弱，不能很好地履行所承担的职责，所以，许多地市的教育学院被合并到当地的学院或大学中，但各地省级教育学院还保留着。

综上所述，我国师范院校（含教育学院）在发展中逐渐壮大，形成了庞大的独立系统，为我国基础教育源源不断地提供着师资力量。

第三节　当代中国教师教育

教师教育在我国已经取代师范教育，成为教师培养和培训的新模式。1985年以后，我国不断改革独立定向型的教师教育体系，该体系在中共中央和国务院发布《中国教育改革和发展纲要》之后更是得到了较大发展，但是，从整体上看，我国的教师教育制度的根本特征仍然是以独立定向型为主。

一、我国现行的教师教育制度

（一）国有公办，国家办学

我国的教师教育制度由国家管理。我国的教育制度在改革开放以后发生了巨大转变，但是，教师教育制度却没有发生多大改变。师范教育的国家办学主要表现为三个方面：第一，师范教育机构的审批、变更或者终止必须经过国家有关机关的批准；第二，国家负责投入师范院校全部的办学经费；第三，减免学生的学费并给予一定的助学补贴。

（二）政府监管，社会办学

由国家主办的师范教育必然牵涉政府对师范生的管理方式。国家的一切行政工作都是在政府的领导下进行的，因此，对师范教育的管理也应该由政府来负责。从中华人民共和国建立至20世纪80年代中叶，就国家与高校的关系而言，国家是高校的主管机关，对高校的办学方向、专业与学科的设置、人员的设置、招生、课程的设置、毕业分配、财政等方面实行直接的管理。

（三）独立定向制度

我国教师教育制度的典型表现是定向培养制度。"独立"是指我国的各级各类师范院校独立设置，自成体系；"定向"是指师范院校专门招收各类师范生进行定向培养，这些学生毕业后到学校及其他教育机构工作。这种体制在《中国教育改革与发展纲要》发布之后有所改变，但总体上还是独立定向模式。

二、我国教师教育制度的结构特征

长期以来，我国的教师教育制度属于典型的独立定向型制度。

独立的教师教育体制是由政府建成的，政府也对院校的建立、师资的定向培养、学校的人财物及规模、招生名额进行规划和管理，师资的培养过程要按照国家制定的相关政策实施。

第一，教师教育系统可分为师范院校、教育院校（含教师进修学校）和职业技术师范院校三种类型，这三类院校在系统中是彼此独立的。师范院校包括师范大学、师范学院、师范专科学校和中等师范学校，它们之间层级相同，没有隶属关系。教育院校分为国家高级教育行政学院、省级教育学院、地市级教育学院和县级教师进修学校，它们之间的关系也是互不隶属的。

第二，在目标上，国家对这三类院校的办学目标进行了界定。师范院校系统主要是负责职前教师或新教师的培养，教育学院系统主要负责在职教师和教育干部的继续教育，职业技术师范院校主要培养职业技术学校教师。

第三，在层次上，分为研究生、本科、专科和中专层次。师范院校分为研究生、本科、专科和中专等层次。研究生层次有两个：一是硕士研究生，主要包括教育学硕士和教育硕士；二是教育学博士研究生。教育学硕士研究生和教育学博士研究生的培养自从学位制度建立就开始了，重点是培养拥有教育理论和实践技能的高级专门人才。教育硕士生的培养在1997年才开始。1997年，教育部批准一些师范大学试办教育硕士专业。教育学院系统主要由本科教育学院、专科教育学院和中专层次的教师进修学校构成。需要特别说明的是，国家教育行政学院虽然也属于培养在职教育人员的机构，但它主要是对在职的县级以上的教育行政干部和准备提拔为大学的管理人员进行培训。这与通常的教师教育有所不同。职业技术师范院校主要是本科，部分院校也开始了研究生教育。

第四，从隶属关系看，师范院校可分为教育部直属的师范大学，省属师范大学、学院、师专，地市所属的师专和中师，县市所属的中师。各省有一所省属教育学院，各地市都有一所教育学院，各县市设有教师进修学校。职业技术师范院校是在20世纪80年代后开始兴建的，都是省属的。国家教育行政学院隶属于教育部。近年来，我国教育学院系统有所变化。各地市教育学院纷纷被合并到地方学院，如广东省肇庆市教育学院被合并到新成立的肇庆学院。

第五，在学制上，师范院校本科四年制、专科二年制、中师三年制。教育院校分为不同的层次：本科招收大专起点的在职教师，就读两年毕业，可获得本科文凭；大专招收中师起点教师，就读两年毕业，可获得专科毕业文凭；一些高中毕业生毕业后在小学任教的教师在教师进修学校进修两年为中师毕业。所有进入教育院校系统接受学历教育的学员必须经过国家或省举行的成人教育入学考试。但本科院校教育学院没有资格授予学士学位，只能颁发本科学历文凭，如果需要申请学士学位，则可以由教育学院向某一所师范大学申请。职业技术师范学院是在 20 世纪 80 年代后期在一些省市陆续建立起来的新的师范院校，主要是以工程技术专科学校或其他院校为基础改建的，如河南职业技术师范学院的前身是百泉农业专科学校，广东职业技术师范学院的前身是广东民族学院。这类院校以培养中等职业技术学校教师为目标。

三、当代中国教师教育发展特点

（一）师范院校和非师范院校共同培养教师

在新的历史条件下，教师教育代替了师范教育，成为一种新的师资培养方式。目前阶段，教师教育的办学层次逐渐提高，与过去的只有师范院校才有资格对教师进行培养和培训的传统不同。现在，许多综合性高校开设了教育学院或教育科学系等与教育有关的院系来对师资力量进行培养。目前，我国的师资队伍中，非师专院校所占比例越来越大，师资队伍的来源也越来越多元化。

（二）教师培养培训的一体化

现如今，随着新的师资教育体制的不断完善，师资的岗前培训和岗后培训逐渐趋向于一体化。在师范教育整合的不断推进下，不同层次的师范院校都以不同的形式积极地参加了师资培养。"全国教师教育网络联盟计划"即由教育部牵头，以直属国家的几所师范院校为中心，建立现代远程师资培养项目。同时，从事教师在职培训的教育学院也出现了结构性的变化，它们大多通过被并入高等师范学校、改名为高等师范专科学校、并入综合性地方院校，成了连接高师院校与中小学的桥梁。

（三）多种培养模式并存

教师教育改革以转变教师培养模式为核心，我国在这一阶段对教师培养模式进行了多项探索，并在教学改革中不断取得新成效。关于教师培养，主要进行的创新实践有：

第一，就教师培养模式而言，既要提高师范生的教学专业水平，促进学生对于所学学科知识的积累，又要为满足不同学生学习需要采用多种培养模式。

第二，在提高教育层次方面，对本科以上学历的教师教育培养模式进行探索，国家有关部门要多措并举，鼓励并扶持教育学硕士赴欠发达地区及边远山区、广大农村地区的学校从教，受过硕士教育的师范生的学科视野、教学能力和理论基础等方面都较本科阶段师范生得到了较大提高，这将有助于欠发达地区的学生开阔视野，更主动地投入学习。

第三，强调理论与实践相结合，促进师范生实际教学能力的培养。就地方师范院校发展现状而言，各大中高师院校要根据自身实际对学生进行培养，走适合自己学校发展的教师培养道路。

（四）教师继续教育的现代化和信息化

教育主管部门为实现教师教学技能的提高和专业知识的积累，以多种教师职后培训方式促进教师的培养，在制度上保证了基础教育师资力量的继续教育的发展。

第二章 教师专业化的发展研究

20世纪60年代，经济社会的发展促进了教育的发展，大众的教育需求日益增长，由此引发了教师资源的严重短缺，因而世界各国开始普遍采取应急措施，培育教育人才。但是，过分强调"量"使教师群体的"质"受到考验。步入20世纪60年代中期，形势发生了改变，新生儿出生率下降，教师需求量缩减。教育界乃至全社会开始普遍关注教师专业素质的培养。1966年，联合国教科文组织与国际劳工组织在《关于教师地位的建议》中提出：应把教师职业作为专门职业来看待。基于此背景，高师教育开始迅速发展。20世纪80年代以后，人们将关注的重点转向教师专业的发展和当代教育的改革。无论是教师职业的专业化还是教师个体的专业化，其发展历程都是一个由简单到复杂、不断成熟和完善的过程。本章主要介绍教师专业化的发展研究，主要从三个方面进行了阐述，分别是教师专业化的基本含义、我国教师专业化发展现状、教师专业化发展的基本举措。

第一节 教师专业化的基本含义

相对世界平均水平和发展趋势，我国的教师专业发展（包括与之相关的理论系统）诞生较晚，但有了世界各国师范教育长期发展积累的经验和教训，我国教师专业建设在速度上有了相当大的提升，在借鉴、学习国际教师专业发展理论和实践研究成果的同时，不断激发自主研究意识，生成新的研究成果。我国的教师专业标准研究进行了积极探索，深入比较了国外的教师专业标准，在借鉴国际经验的同时，立足我国基础教育改革和发展的实际需要，不断加深我国在教师专业标准方面的研究。

所谓的教师专业化理论，究其根本，是深入探索并充分利用教师专业化发展的内在成长规律。因此，关于教师专业化理论的研究必须从对其质的规定性的认识出发，厘清什么是教师专业化。教师专业化的目标是与时俱进地不断更新和发展教师从业者的素质，不断提高教师专业整体水平。因此，教师专业化理论研究的核心问题就是教师的专业素养。具体到方法论的角度，探求教师专业化的落实手段是教师专业化研究的基本内容。

一、教师专业化的内涵

对于教师专业化的内涵的认识是教师专业化理论孕育和发展的起点，发挥着支撑作用。研究者对教师专业化的内涵的认识不仅决定着教师专业化理论如何建造科学的知识系统，并且为该专业未来理论的建设奠定了相对完整的术语体系。20世纪60年代的教师专业主义思潮和教师发展主义思潮共同促生了现代教师的专业化要求，前者认为"教师"应该是一种专业，后者则提出了"教师专业发展进步"的主张。所以，教师专业化的观念建构是与发展建设齐头并进的。教师专业化的概念建立在群体与个体，外在和内在两个维度之上。从群体外在专业化维度看，教师具有代表一类群体的职业属性，它的专业化是教师作为群体职业的专业化。从个体内在专业化维度看，教师专业化实质上是教师自我提升的机制。

（一）教师职业专业化

随着教师专业化成为教师教育改革发展的需求，从20世纪末开始，教师教育改革就开始充分采纳教师教育专业化的要求，将其专门归入改革议程。截至目前，学术界并没有就"教师专业化"的概念和定义给出统一的看法。有学者将教师专业化简单理解为教师学历的提升或是教师培养层次的提升。这种认识描述了教师专业化的外在表现，但却没有把握教师专业化的内在本质。关于教师职业专业化内涵的界定主要存在三种认识。

1. 教师职业专业化表现为教师职业的不可替代性

20世纪80年代，顾明远先生就指出，教师职业专业性的内在特征就是教师职业的不可替代性。任何一项职业，不可替代的职业性越强，它的社会地位就越高。教师提升职业不可替代性的途径就是提高教师队伍的素质。同时，顾明远指出，教师职业的专业化是动态的过程，是随着时代的发展而不断提高的。

在知识经济时代，教师专业化的内涵包括教师具备完备的知识和技能体系，教师职业要凸显其实践应用性的专业特征，教师职业有较高的职业道德要求，教师职业要求从业者不断更新专业知识和技能，教师职业具备职业自主权，有专门的行业组织进行行业自律，建立专业资格制度。刘捷分析比较了国内外多位学者在"专业化"概念上的看法，总结后指出，教师应在专业化职业发展中满足以下几项要求：第一，运用专门的知识与技能；第二，经过长期的培养与训练；第三，强调服务的理念和职业道德；第四，享有有效的专业自治；第五，形成坚强的专业团体组织；第六，需要不断地学习进修。[①]也有一些教育工作者认为，实现教师职业专业化的关键在于变革传统的教师培养制度，从"工匠式"的固有模式中革新出来，把教师纳入全新的专业化训练框架之中，以彰显教师职业的特质。

2. 教师职业的专业化表现为对教师职业权利的伸张

教师专业化事关教师职业的存续。有学者基于冲突论，从控制权的角度认为，教师职业专业化的本质是各方权力争夺的社会过程。教师职业对生存的关切，反映在教师行业如何在更大的范围维持一种稳定的权力结构，教师的专业发展要根据行业整体的发展来进行。教师专业化的建立体现在三个方面：一是教师应具有学术和教学方面的专业自主，二是教师作为专业主体在法理层面获得教育教学等专业活动的保障，三是教师在实践活动层面具有依据自己的专业身份在对应实践领域主导实践的权力。教师专业化的权力模式认为，构成专业的本质是权力。教师作为一种职业能被认同具有专业性取决于教师职业群体建立"专业支配制度"，这种制度建构的关键是对教师服务对象，以及教育相关行业建立起权威和支配关系。

综合上述内容可以得出，从权力视角来看，教师职业的专业化具有多维含义：一是要在权力格局中取得专业话语权，避免教师职业群体的边缘化；二是在专业实践领域中，要从根本上确立教师在专业化和教师发展中的主体地位；三是在教师个体专业发展中强调发挥同事之间、与相关利益者之间的合作，在基于共识性的基础上实现共同的专业化发展。

---

① 刘捷. 教师职业专业化与我国师范教育[J]. 天津师范大学学报（社会科学版），2001（02）：75-80.

3. 教师职业的专业化是一个历史发展的过程

专业化通常被用来指称一个半专业性职业不断地满足一个完全专业性职业的标准的过程。从历史视角看，教师职业专业化经历了从兼职到专职，再到形成具有专业化特征的行业。有学者认为，教师职业的专业化研究的目的不是关注过去而是研究现实和未来。因此，教师职业专业化的概念必然是随中国客观历史发展而变化的。教师职业专业化的形成和发展依附于内在专业性因素和外在社会因素的二维发展框架。

在明确时代发展背景的前提下，教师职业专业化在一个相对稳定的时空框架之中就被赋予了相对确定的概念。我国教师职业专业化从数量满足向质量提高转变，从职业模糊向职业精专转变。一些学者认为，提高教师职业素养，为教师职业的专业性质指明了发展方向，应该是当代教师专业化的首要任务和发展评价指标。

在我国现代教育发展历程中，教育工作者和学者们围绕教师职业专业化的具体内涵提出了一系列观点，这些观点各有异同，大致经历了从特质模式到权力模式、历史发展模式的研究视野的转换。特质模式是指以无法替代的专业知识和技术作为教师职业专业化的立足基础。权力模式是指教师职业专业化的实质是通过掌握对市场、服务对象关系的控制权以及对相关协作行业的领导支配权，建立一个以"区分"作为主要功能的专业壁垒，将自身同其他职业区分开来，在封闭的领域内保存教师职业的自治权。历史发展模式强调教师的专业化不存在一个预设的、静止不变的普遍本质，而是社会中政治、经济、文化等外部因素以及教师职业等内在因素共同作用的结果，不存在适用于一切职业的普遍的专业化路径。

（二）教师个体专业化

教师个体专业化主要是指教师个体内在的专业性的提高。传统的教师职业观通常从社会分工的角度出发，认为应当注重外在专业性的培养，也就是将教师群体与普通的职业群体等同。教师个体的专业化发展观点则与传统观点有所不同，更强调教师内在专业性的发展，将教师视为独立的成长个体，注重观察教师专业演变的过程。从现代教师行业的前进历程来看，对教师个体专业化内涵的认识并不是一成不变的，最初的主流观点是"专业主义教师专业发展观"，后来逐渐向"专业化教师专业发展观"的方向转变。教师个体的专业化发展经历了由关注个体职业阶层的上升和职业地位的社会声望向每一位教师内在专业素质的提高和专业实践的改进。

专业主义认为，教师担负着为社会培养人才的重要职能，教师职业专业化的基本逻辑是通过自身完备且精深的专业知识向社会证明其能够承担育人的特殊使命，进而要求社会根据教师职业育人能力的证据赋予教师职业育人的垄断地位。认同社会阶层化理论的学者认为，各个行业的社会功能或多或少具有独特性，对社会的贡献也存在差异，因此，各个职业可根据社会贡献水平进行定性，分为专业、半专业、技术、半技术和无技术五个层阶。教师如果要维持专业化或实现向专业化的跃迁就必须通过增强教师专业素养和专业影响力，以达到一定的社会贡献度来证明专业化的合法性。

基于专业主义范式的教师专业发展观信奉教师从业者个体素质的提升与教师专业自主性和专业地位的提升呈正相关。教师个体的专业化是一个从"专业外人员"向真正的专业人员进步的过程，具体而言，可以认为，教师以自己的专业素质（如授课技能、专业知识和课堂素养等）的提高和完善为基础，实现职业成熟和专业进步的过程。因此，教师职业专业化与教师个体专业化有着内在的联系，即教师职业专业化为教师个体专业化提供了外在条件。反过来，教师个体的进步和发展也能为职业群体创造更多有生力量，为教师行业整体奠定扎实的发展基础。

但是，专业主义范式下的教师个体专业化的概念和逻辑遭到了学者们的质疑。例如，刘河燕指出，教师专业化的焦点随着教师教育理论与实践研究的发展发生了转换，从追求职业的专业地位转向教师的专业发展。[①] 教师专业化从根本上来说，是作为教师职业的人在适应社会发展的变局中从幼稚走向成熟的过程，是持续改善现状、总结经验教训并前进的过程，所以，不能说教师专业化代表教育改革的全部意义。

在专业主义观念下，教师个体专业化的推动力源于外部力量，在本质上仍是将教师视为"教书匠"，所遵循的专业化逻辑是应用技术科学类职业技能熟练模式路径（科学主义—技术理性—技术专家），没有从教育学的视野出发将教师的专业化视为"教育内部的事"，忽视了教师自身因素对教师个体专业化的作用。

---

① 刘河燕.教师专业化的内涵、实质及标准[J].西南民族大学学报（人文社科版），2005（05）：380—382.

在现阶段，教师个体专业发展不应再一味依靠教师职业的专业化而存在，应该逐渐提起对教师个体发展和专业化程度的重视。有学者认为，个体专业化应将对个体专业发展的认识升华为对个体专业成长的认识。张典兵、马衍认为可从专业发展和个人成长两个角度界定教师个体专业化的本质内涵，从专业发展角度来看，意味着延续教师教育的发展主线，培养教师的自我发展意识，自觉提升专业化程度，不断完善、提高作为教育工作者的职业积累，增加知识储备，在动态发展中完善自我提升的信念系统。[①]而站在个人成长和个性演变的角度分析，教师专业成长意味着个人（以拥有独一无二的个体经历为标准）通过教师教育获得教师角色的过程，与教师（以及相关的一系列概念、环境和行为规范）角色有关。个体从自我世界逐渐走向开放的社会，不断发生变化，教师会在这个发展过程中与不同的外在社会化动因持续展开交流，通过与外界的互动不断走向专业化的职业生涯。

从围绕教师专业化概念内涵开展的种种研究分析中，可以看出，教育学者对教师专业化的科学认识经历了一个由浅入深的过程。教师作为职业群体的专业化与个体的专业化是并行统一的关系，教师专业化与教师教育、教师行业、教师个体和教育科学发展密切相关，是一个牵扯社会各个方面的复杂系统工程。随着对教师专业化认识的深化，其内涵不仅关涉教师职业群体对人类社会的可持续发展，也是个体全面发展的重要一环。教师的职业目的是育人，这就决定了其与艺术、科学等已被公认的以显性的作品、产品生产作为创造性劳动评价依据的专业评价范式有着根本的不同。教师专业是为了人的生命发展而做的创造，是大量"转化"过程的创造。教师不仅仅是知识的传递者，更是促进学生学以成人的创造者。教师的全面发展就是教师专业化的重要内容，教师只有不断实现自我更新和成长才能对学生产生成人意义上的影响，达到"学为人师，行为世范"的作用。

二、教师的专业素养

教师是以育人为目的的专业，教师专业化的目的是使教师在育人和服务社会发展的过程中不断调试专业标准，更新和发展教师从业者的素质，不断提高专业整体水平。

[①] 张典兵，马衍.教师专业成长研究引论[J].考试，2015（01）：91.

教师是与知识密切关联的职业。教师主导教育教学的基本运行机制就是以知识为媒介促使学生建立对世界的理性认识，并不断引导学生自觉开展对精神生活和实践生活的探寻。所以，教师专业化对教师培养提出了多方面的要求——以明确作为教师必须承担的专业素养为基础，涉及教师在职业生涯期间必须掌握的学科知识和能力等要素的内容和结构。教师专业素养研究成为影响师范教育改革、基础教育课程改革的重要研究领域。关于教师专业素养的研究，我国学者基于不同的研究视角提出了多样化的观点。

（一）专业取向的教师专业素养

以专业伦理为核心的教师专业主义兴起于20世纪60年代到80年代的欧美国家。专业主义视域下教师专业化的目的是解决如何提高教师素质，和对教师专业地位、社会权益的捍卫。我国学者关于专业主义的教师专业化研究的侧重点普遍在于分析国际学界的教师专业化改革论点，并站在本国教育界的角度，采纳专业主义的观点，全面认识和分析教师专业素养的具体内涵和要求。

21世纪以来，在后专业化时期，多元共生的专业主义兴起，教师专业主义更加开放，接纳教学内外的所有人员建立开放、友好、交互的关系。教师专业道德、伦理、精神、信仰成为教师专业主义的根本要素。[①]

专业主义来源于社会学。在历史发展过程中，其操作方式随着理念和概念的演变而发生改变，专业主义经历了由工会式专业主义、管理式专业主义向民主式专业主义的发展。尽管专业主义对其专业权威的逻辑解释和实现路径方式不断进行与时俱进的调试，但是，主张享有专业自主权始终是专业主义的核心内涵。专业主义对教师教育领域的影响主要体现在引发教师对专业自主权合法地位的主张。专业主义要求教师具备专业化的知识体系，构建全方位的专业知识体系是教师专业素养的核心要求；也就是说，将专业知识作为教师掌握专业自主权的基本条件，在此基础上作出更符合专业标准的判断和决策。教师专业化的概念从改革开放初期就已经出现在我国的教育观点中，被划定为职业专业化的部分内容。当时的教育工作者将其视为"原本是独立个体的教师成为教学专业的一分子，并且通过教学实践活动发挥个人价值，逐渐走向成熟"的发展过程。

---

① 许楠，刘义兵. 美国教师专业主义述评 [J]. 教育发展研究，2012，32（04）：61-65，69.

在专业主义引领下，教师被要求具备近乎完备的学科知识和教育技能等素养。专业主义认为，教师的专业化应该建立于由健全的理论和客观的研究组成的知识之上。培养具备高深完备学术基础的教师是构造教师专业制度、形成专业壁垒的必要条件。正是因为专业主义对专业自主性、教师知识完备性的偏执追求，导致其遭遇了主要来自解制主义的遏制。解制主义学者认为，专业主义试图形成一个"保护主义者的圈子"，拒绝圈子外的人进入教学领域，专业主义对知识、技能的完备追求是低效的、冗余的。我国教师教育转型发展过程面临解制主义对教师专业知识结构的挑战。在日益复杂的教学环境中，教师的教育实践活动是促进学生发展和提升的专业活动，这意味着教师无法仅仅以专业知识和技能的准备学习应对一切育人问题，因此，教师工作的效果不仅取决于专业能力和专业承诺，还要在对学生的需求作出准确判断基础上进行教学的设计和实施。

（二）建构取向的教师专业素养

建构主义提出了一种新的"学习"定义：学习者以已经掌握的知识经验为基础，深入理解、探索其意义和价值，这个过程就是"学习"。可以看出，建构主义理论其实延续了认知主义的部分观点，并围绕认知主义进一步发展。该理论更加看重学习者主动性的发挥，分析了知识和学习之间的内在联系，与环境主义和行为主义等客观主义思想相对立。建构主义在知识习得方面强调非结构和具体情境性以及学习中的社会性相互作用。随着建构主义理论在实践中的广泛运用和不断更新，其内涵不断丰富和拓展。建构主义理论已成为包括建构主义学习理论、教学理论、认知理论、教育伦理理论等内容的复合体。建构主义对教师专业素养的影响主要体现在认识论和学习论层面。

建构主义教学对教师专业素养在能力和知识结构方面提出了更高和更全面的要求。徐静竹认为，建构主义倡导学习者根据学习环境，有效使用认知工具、认知技术等手段，为认知能力的发展和知识结构的建构提供帮助。在建构主义学习的理论中，学生应该是学习活动的中心，不能仅仅接受外部的信息灌输、当一个被动的接受者，应该用本人的生活经历和思维习惯分析信息内容，"生产"属于自己的知识，主动完善和补充知识的意义。为了满足这一要求，教师需要调整传统的教学主体理念，不能在课堂上向学生单向地灌输知识，要引导学生探索知识框架组建的方法。① 张奎明分别从教师作为"学习促进者"和"社会改革者"的身份视角指出，教师的真实身份是"学习促进者"，必须熟悉课程设计、编制多方面的技巧，还要领会整合学科内容知识的精神，掌握有关"学与教"等的方法知识，掌握促进学生学习的教学情境的知识，把握学生知识基础、思维方式等的知识；作为"社会改革者"应掌握影响教育民主、公平的社会权利和文化知识，对建构主义教学及其提及的社会价值本质都有深入的认识，积累充足的社会学理论。他还特别强调，教师的知识结构是一个多元复杂的整体，需要和反思能力、社交、沟通与互动能力、授课和自学环境的设计能力、学生思维追踪能力、现代教育教学技术操纵能力、批判反思能力和探究能力，多元文化下教育教学能力等教师能力相对应。②

（三）生命取向的教师专业素养

20世纪初，亨利·伯格森（Henri Bergson）的"生命哲学"为理解和认识教师专业发展过程提供了特别的视角。生命哲学对于教师专业素养的研究从认识论层面产生了深刻的颠覆性的影响。

1. 生命哲学否定了抽象的教师的存在

很多学者都认为，从柏格森的生命哲学视角出发来看待教师的成长，就会颠覆固有的认为教师发展过程的是"先验预成"的观念。教师的发展本质上是无法用事前安排的模式限定的，必然有其内在生成的过程，所以，不能将教师的成长与多种知识和技能的积累简单等同。

2. 生命哲学强调教师的存在而非本质

生命哲学极力提倡生成的思想，教师的发展不是机械复制规定的标准，而是创造性的发展，每个教师都是独特的个体，其发展过程是特殊的和不可精确预测的。教师应在教育活动中体现"生命直观"原则，把个人的发展精力、人生追求和情感取向融入教育工作。教师的专业素养不仅包括各学科的理性知识，也包括教师在生存境遇中形成的差异化的自我经验。

---

① 徐静竹. 建构主义学习理论与我国当前的教学改革[J]. 青岛大学师范学院学报，2003（01）：62-65.

② 张奎明. 建构主义视野下的教师素质及其培养研究[D]. 上海：华东师范大学，2005.

3. 生命哲学视域下教师职业与教师个体是共生统一的生命体

具有教师身份的生命个体的发展既是职业的、社会的、文化的发展和成长，也是生命的成长和发展。鲜活的生命的发展具有主体性。生命哲学启发教师教育研究者从个体生命成长和个体生存境遇动态发展的角度看待教师的专业素养构成，对持机械论和静态观的认识进行批判。从实际情况来看，教师主体的生命世界并没有得到大众的重视，相反，教师的私人空间常常被职业要求所挤压，甚至被他人主观地划分为单向度的职业世界，这一现状导致了教师知识体系的收缩，也使得教师教育话语权大程度缺失。

21世纪以来，基础教育改革形势迅速发展，从理念到实践发生了重大革新。一些学者展开"新基础教育"研究，强调师生通过互动共同创造教学过程，共同创造教育生活。有学者从教师在教学活动中对教材、自我以及学生功能定位的认识和理解将教师成长分为三个层次：以教材为本的专业成长阶段，以教师为本的专业成长阶段，以学生为本的专业成长阶段。当教师教学实践由知识为中心、教师为中心转向学生发展为中心，那么从生命哲学角度来看，教师的专业发展就不能仅仅是专业本位或是自我发展本位，还要关注学生的生命成长。因此，教师专业素养构成基于教师与学生生命共生发展的立场上，在知、情、意的每个维度上都可以进行不断发展和分化。

（四）实践取向的教师专业素养

20世纪80年代以来，国际上教师教育变革的主流趋势逐步由理论争鸣转向关注实践。美国教育家、哲学家唐纳德·舍恩（Donald Schon）提出的"反思实践"的概念，促发了美国"反思性教学运动"，深刻影响了世界各国教师教育改革的趋势，给教师专业发展提供了新的研究视角。舍恩批判了当时专业教育领域的风气，认为教育工作者过于追求理想化、概念化、刻板化的知识，用这些知识作为衡量专业教育的指标完全是南辕北辙的，主要知识形式应该建立在实践活动的基础之上。舍恩分析了现代专业教育（当然包含教师教育）中出现的主要错误，认为这些错误归结起来就是没有重视教育实践活动的"不确定地带"，未能使"艺术性"在教育中保有一席之地。

世界各国在教师教育改革和实践过程中采取了多样化的方法和模式，但是，这些改革举措本质上都遵循同一种思路，即鼓励教师在教育工作中充分彰显主动性、参与性和体验性，改变旧有的"知而后行"的模式，发挥教育的实践取向作用。2011年，我国教育部颁布《教师教育课程标准（试行）》，也强调改革以知识授受的单一价值取向，强化教师教育的实践取向，强化教师培养培训过程中的实践意识。专业化的发展方向对教师提出了"作为研究者参与教育工作"的全新要求，教师教育领域也由此迎来了新的目标：促进教师从实践中反思教学规律、独立总结教学经验。从教师教学实践的角度来看，实践知识对于教师教学素养的影响最为关键。有学者将教师实践知识分为"为了实践的知识""实践中的知识""实践性知识"。许多教育管理者、一线教师和研究者认为，教师在教育实践过程中具有主体性，因此，教师在课程改革过程中不是被动的改革对象，而是改革的推动者、参与者和主导者。基础教育课程改革对教师专业性的要求最终是要通过教师的成长实现的。

三、教师专业发展的基本特征

从教育界及整个社会对教师群体的观点来看，对教师专业化的认识和落实手段尚有不到位之处，这主要体现在三个方面：

第一，部分人将"教师专业化"简单地等同于"技能化"，这种观点显然是片面的，机械地套用技术型职业的人才培养模板，未能将其同教师职业的固有性质相联系。但实际上，即使教师主观上没有将两者混淆，也可能在客观措施中将教师专业化和技能化等同。

第二，有些教师的视角相对局限，仅仅从传统的教育学理念出发，认为教师专业化只包括教师教育方面的知识，缺少心理学和社会学等视角，未能考虑教师专业化对个体发展和社会建设产生的影响，没有从本质上分析教育专业的要求和内涵，也没有主动探索教师行业的内在发展规律，认识流于表面。

第三，有些人认为教师专业化只通过示范教育和教师专业培训就能实现，这也是不符合专业化的本质要求的。教师专业发展应该结合时代背景和社会前进的方向，主动适应不同社会群体的需要，与时代的变革相适应，更与教师个人的职业进步和发展相联系，具有阶段性。教师作为全面育人的教育工作者，教师职业与技术型的职业不同，其专业化不是单纯的技能化，而是具有显著的主体性。教师专业发展涉及教书之外方方面面的因素,由此不难看出,教师专业发展的综合性要求:不仅包括最基本的教师学科知识,还包括道德修养、实践能力、沟通能力和学术研究能力等,对个体的发展提出了多个方向的指标。

(一)教师专业发展的阶段性

教师专业发展阶段理论以专业教师的变化过程为研究焦点,关注教师生涯的成长状态,将教师的职业追求与动机、知识与技能、能力与需要、发展模式等内容纳入研究范畴。教师专业发展阶段理论产生于20世纪60年代末,兴起于欧美的教育改革浪潮。我国学者对教师专业发展理论进行了系统的研究和评述,肖丽萍在《国内外教师专业发展研究述评》一文中对西方主要的教师专业发展阶段理论研究者的研究成果进行了介绍和分析。例如,弗兰西丝·富勒(Frances Fuller)提出的教师关注的四阶段发展模式:教学前关注阶段、早期生存关注阶段、教学情景关注阶段、关注学生阶段;以伯顿(Burden)为首的美国俄亥俄州立大学的研究者基于大样本的访谈研究,提出教师发展的三阶段循环发展理论:求生存阶段、调整阶段、成熟阶段。[1]

我国学者对西方教师专业发展阶段理论的研究,一方面为教师职前职后培养培训提供了理论支持,另一方面也帮助教师反思自身发展状态,更加精确地确定了成长方向。我国学者受教师专业发展的社会化研究框架影响较大。例如,吴黛舒总结国内外基于教师发展阶段理论各类研究的共性特征,首先,把教师职业发展过程分为不同阶段,强调教师职业发展的历史性变化;其次,划分教师职业生命周期的依据;再次,完整地看待教师的整个动态的发展历程,在认同教师专业发展"适应—上升—衰退"的周期规律的基础上,承认教师个体发展的动态性和特殊性。[2]

教师专业发展机制的研究主要集中于对教师职前职后培养培训的体制机制的设计,强调应根据教师专业发展不同阶段的规律,实现教师教育不同阶段的幼小衔接,进而促进教师在专业发展的不同阶段获得精准、高效的指导,持续得到全面的专业发展支持。一般根据教师职前、入职和职后三个教育阶段分别对应职

---

[1] 肖丽萍. 国内外教师专业发展研究述评 [J]. 中国教育学刊, 2002 (05): 61-64.

[2] 吴黛舒. 教育实践与教师发展 [M]. 福建:福建教育出版社, 2014.

前教师、初任教师、熟练教师、优秀教师和专家教师五个发展层级。教师职前教育着力培养教师的基本素养，使之符合教师资格的基本要求；入职教育着力培养教师对职业的适应力和胜任力；职后教育着力提升教师的专业素养和自主发展能力，实现由熟练教师向优秀教师和专家教师的提升。

（二）教师专业发展的主体性

教师专业发展在理论和实践层面均存在着主导主体的争论。政府和教育行政部门等外部主体如果过多干预，则将在某种程度上限制了教师自主发展的空间和自由。有学者提出，用教师专业学习概念替代教师专业发展概念，进而重申了教师作为发展主体的自我导向性、社会建构性和情景依赖性。

教师要能够准确地描述、复现日常教学实践的内容和场景。教师的学习过程是其经验与各类专业知识相互渗透、相互融合的过程，这也是教师职业独特性和自我认同的基础。教师需要外部支持体系对其专业发展的帮助，但只能通过自我解放实现发展和超越。在实现方式上，教师必须要有更彻底的批判精神和自主意识，同时，管理者必须有更开放、更灵活的政策，给教师以更多的专业自主权。

在影响教师专业发展的内外因素中，起主要作用的是来自教师的内部因素。教师的自主学习是促进其专业发展、实现教师专业化的重要行为策略，主要有重视自我规划、提倡自我反思、强调自我监控和鼓励自我超越等。教师专业发展的问题归根到底是教师的自我意识问题，没有教师的主动参与和自主发展，就没有教师的专业发展。在教师将自主发展作为生存与发展方式寻求超越的过程中，一方面，各相关主体应在制度和资源等外在因素方面为教师的发展搭建平台、创设条件；另一方面，教师要通过学习、研究、实践和反思等路径实现发展。

（三）教师专业发展的协作性

教师学习共同体是促进教师专业发展的重要路径之一。20世纪90年代以来，生态取向的教师专业发展观弥合了教师在发展过程中个体和群体理论与实践相对立的观点，强调将教师个体的发展置于"群体""合作"的关系环境之中。随着终身教育理论、社会互依理论、群体动力学理论协作学习理论、社会建构主义理论引入教师教育研究领域，教师专业发展在宏观环境上需要创造良好的教师职业发展环境和教师专业发展机制；在微观环境上需要为教师个体的成长搭建平台，让教师在群体之中通过与他人的协作、互动和分享，促进个体在实践和反思中不断成长。教师的专业发展离不开教师之间的合作，教师要基于合作体开展专业行动，通过协同教学和同伴互导等方式促进专业发展。学校等主体要通过组织再造、制度创新和资源支持为教师合作提供系统的支持。

教师学习共同体作为教师学习组织有助于教师参与组织学习，充分利用群体资源，激发个体智慧，从整体上促进教师专业发展。教师的专业工作实践是教师专业发展的主要阶段，对教师的专业成长所起的作用更为直接和长久。因此，探索教师专业成长的有效组织形式——教师协作学习共同体及其运作方式具有十分重要的意义。

随着现代信息技术的发展，教师学习共同体诞生了新的形态和机制。现代信息技术进一步放大了学习共同体的协商、异质、脱域和互嵌的内在特征，提高了教师学习的个性化程度。

（四）教师专业发展的综合性

关于教师专业化发展研究大多数是从社会本位、教师职业立场或是从教师个体的主体性出发探讨教师教育的功能价值、教师职业的专业地位、教师群体与个体专业发展需要等内容，却在一定程度上忽视了教师教育应遵循现代学校教育以学生学习和发展为本的基本价值观。教师职业的主要功能是教书育人。从教师育人这一基本立足点出发来看教师专业发展，教师不能仅仅具备"教师教的专业性"和"学科专业性"，还要重视"教师学的专业性"，只有同时具备这三部分的专业属性，才能够称得上是具备教师全专业属性。

教师全专业发展路径研究是我国教师教育转型发展以来教师教育实践对教师专业发展影响的反思。20世纪90年代以来，我国教师教育走上了由独立师范院校向综合院校的转型。教师教育必须在教师教育的院校性质、专业逻辑、组织体系与结构、教育学科定位、师资、课程设置与实施等方面进行彻底的转型，进而从根本上促进教师的专业发展。

以师范院校为主体的教师教育机构是教师教育人才培养的主体，并在教师专业发展过程中发挥了重要作用。在全专业发展视角下，教师培养主体的人才培养价值理念要向教育领域的人才培养及其专业发展服务转型，教师教育的课程设计要从学科体系课程向师范生发展和学生发展课程体系转型，教师教育人才培养实践要从理论导向向实践应用导向转型。

第二节 教师专业化发展的基本举措

一、我国教师专业化发展的思考

在我国教师专业化的道路上有许多问题值得研究，对于在观念层面、制度层面、培养层面、实践层面和评价层面等方面所遇到的问题需要进行进一步探讨。

（一）观念层面：纠正错误观念，树立教师专业化新理念

我国在教师专业化问题上，观念层面的障碍主要体现在两个方面：一是教师是不是专业人员，教师可不可以替代；二是未来教师角色的转换问题。为了改变这种落后的观念，首先，需要加强教师的专业培养和专业发展。教师是教育的重要组成部分，需要具备扎实的学科知识、丰富的教育理论和实践经验，以及教学技能。因此，我们可以通过持续的专业培训、研修和学习机会，帮助教师不断提升自己的专业水平。这包括参与教学研究、教育创新实践和专业交流等活动，以增加教师在专业领域的见解和经验。其次，需要建立健全的评价体系，促进教师的专业成长。评价体系应该以教师的专业知识、教学能力和教育成果为核心，全面评估教师的专业水平。通过定期的教学观摩、课题研究、教学检查和同行评议等方式，帮助教师发现和纠正可能存在的错误观念，促进专业能力的提升。同时，也应当鼓励教师参与教育科研项目和课程改革实践，借助专家指导和同行合作，不断完善专业素养和教学技能。再次，需要加强教师的职业伦理和责任意识建设。教师是社会的守护者和传道者，在教育过程中承担着重要的职责。因此，应该注重培养教师的职业道德、伦理意识和责任感。教师应该始终以学生的发展为中心，秉持公正、诚信和尊重的原则，坚持教书育人、德智体美全面发展的教育理念。同时，还可以通过开展教师师德教育和职业道德研讨，加强教师之间的互动交流，激发教师的职业热情和责任意识。最后，需要加强教师的自主性和创新性。教育是一门艺术，需要教师具备独立思考和创造力。因此，应该鼓励教师在教学中发挥主体作用，积极探索适合自己和学生的教育方法和策略。教师可以根据自身专业特长和教学需求，选择适合的教学资源和工具，灵活运用现代教育技术和信息化手段，开展个性化、多样化的教学实践，还可以参与教育改革实验和教育项目，促进教育创新和改革的推进。

教师是社会的宝贵财富和未来的希望，他们的工作应该得到充分的认可和尊重。因此，应该通过提高教师的待遇和社会地位，激发教师的积极性和创造力。同时，还应该开展教师荣誉和奖励机制，表彰优秀的教师和教育工作者，为他们树立典范，激励更多的人加入教育行业。此外，还可以通过加强对教师的政策支持和法律保障，创造良好的教育环境和条件，让教师能够安心从事教育事业，发挥他们的专业特长和潜力。

随着时代的发展和技术的进步，教育领域也在不断变革，这是教师新的挑战和机遇。教师的角色将从传统的知识传授者和班级管理者转变为学生导师、学习设计者和学习环境创建者。教师的角色将更加强调学生导师的作用。教师通常是知识的传授者，将知识一对多地灌输给学生。在未来的教育中，教师将更多地扮演学生导师的角色，通过个性化的指导和辅导，帮助学生发现并发展他们的潜力。教师将积极倾听学生的需求和兴趣，根据学生的特点和能力为他们提供量身定制的学习计划和指导。教师将关注学生的全面发展，包括认知、情感、社交和创造力等方面，并帮助他们建立自信和良好的学习习惯。

未来教师的角色将更加注重学习设计者的能力。传统的教学模式通常是线性的、以教师为中心的，而未来的教育将更加强调学生的主动学习和探究。教师不再简单地传授知识，而是需要设计富有挑战性和启发性的学习任务，激发学生的兴趣和思考能力。教师将借助先进的教育技术工具和资源，创造多元化的学习环境，引导学生进行个人或合作的项目研究和实践活动。教师还要善于利用数据和评估工具，及时了解学生的学习情况，根据评估结果调整和优化教学设计，以促进学生的学习效果和成长。学习环境对学生的学习效果和体验具有重要影响，而教师将在未来扮演创建和维护学习环境的重要角色。教师要积极构建一个开放、包容和互动的学习氛围，营造积极的学习情境。教师将鼓励学生展示和分享自己的学习成果，支持学生之间的合作和互助。同时，教师还要引导学生培养信息素养和批判性思维能力，以应对信息时代的挑战。教师还要适应多样化的学习方式和节奏，为学生提供个性化的学习路径和资源。随着知识的不断增长和学科的交叉融合，教师需要具备跨学科的知识和能力，要能够整合多种学科的内容和方法，开展跨学科的教学活动。此外，教师也需要具备终身学习的能力，不断更新自己的知识和教育理念，与时俱进地适应教育的发展。教师需要主动参与教育研究和专业发展活动，不断提升自己的教育水平和素养。在技术飞速发展的背景下，教师需要以人为本，关注学生的全面发展和幸福感。教师要倡导健康的学习生活方式，引导学生树立正确的价值观和道德观念。教师要注重培养学生的社会责任感，引导他们积极参与社会实践和公益活动。教师还要关注学生的心理健康和情绪管理，提供情感支持和辅导。教师将通过个人的行为和榜样作用，引导学生形成良好的行为习惯和人生观。

教师角色的转变是多方面的，包括从传统的知识传授者向学生导师、学习设计者和学习环境创建者转变，从线性、以教师为中心的教学模式向个性化、学生主导的学习模式转变，从单一学科的教学向跨学科教学转变，以及从注重知识传授向关注学生全面发展、培养学生终身学习能力和人文关怀的转变。教师将面临更多的挑战，但也将迎来更多的机遇，为学生提供更优质的教育。因此，教师需要不断学习并发展自己，以适应未来教育的需求，为学生的未来发展和社会的进步作出积极的贡献。

"教师不等于专业人员"这种错误观念会影响教育行业的长远发展，也会损害教师群体的职业形象。加强教师的专业发展和培训能够打破这种错误观念。实际上，教师专业包含"学科专业"和"教育专业"两个方向。在社会各界（甚至教育领域更甚），依然普遍存在"教师不需在学术研究上深究""好教师的唯一要求是知识""教师培养成本低，无须专业渠道"之类的刻板印象，亟待教育工作者纠正。教师作为教育行业的从业者，需要具备丰富的学科知识、教育理论和实践经验以及不断更新自己的教学方法和教育理念，以应对教育领域的变革和挑战。教育宣传应该使人们明确这样的理念：教师工作对全体教育工作者提出了专业的要求，教师不仅要具备充实的学科知识，还要掌握丰富的学科教学和教育技能，应该是多领域的"专家"，因此，每一位合格的教师都要进行专业化的训练。教师劳动与普通的体力和脑力劳动都不同，具有明确的不可替代性。

首先，提供定期的专业培训和研修机会，能够帮助教师拓宽自己的知识面和专业能力。这包括参与教学研究、教学创新实践和专业交流等活动，以增加教师在专业领域的见解和经验。不断提升教师的专业水平可以改变人们对教师的认知——教师是专业人员，需要具备高水平的专业素养和教学能力。其次，借助媒体和宣传的力量可以改变这种错误观念。媒体在社会舆论引导和意识形态建设中起着重要的作用。通过宣传报道优秀的教师事迹，展示教师在培养学生、教育创新和社会服务等方面所作出的贡献，可以让公众更加了解和认可教师的专业性和价值。最后，教师应加强与家长和社会各界的沟通和合作，改变他们对教师的观念。家长是学生教育的重要参与者，他们对教师的认知和评价往往会影响整个社会对教师的看法。

我们可以通过家校合作、家长会议和家访等方式，与家长进行积极的互动和交流，通过向他们展示教师的专业能力和工作成果，让他们亲身感受教师对孩子成长的重要作用和积极影响。同时，我们还可以开展社会公益活动，邀请社会各界人士参与其中，让他们见证教师在教育事业中的付出和奉献。通过这种方式，可以改变家长和社会各界对教师的错误观念，让他们真正认识到教师是专业人员，对教育发展具有重要意义。院校可以通过加强教师评价体系的建设，树立教师的专业形象和地位。教师评价体系应该以教师的专业知识、教学能力和教育成果为核心，全面评估教师的专业水平。公正和科学的评价可以激励教师不断提升自己的专业素养和教学能力。同时，评价体系反映了社会对教师的期望和认可，可以为教师树立良好的专业形象和地位。建立健全的教师评价体系可以改变人们对教师的错误观念，让人们认识到教师是具备专业性的从业人员。

教师应加强与学生之间的互动和交流，改变学生对教师的看法。学生是教育行业的直接受益者，他们对教师的评价往往会影响整个社会对教师的认可度。因此，我们可以通过关心学生的需求、尊重学生的个性和特长，建立良好的师生关系，赢得学生的信任和尊重。通过教育引导和榜样示范，让学生意识到教师的专业能力和责任心，培养他们正确的教师观念和评价标准。同时，我们还可以开展学生评教、教师评学等活动，让学生参与教师评价的过程，增强他们的教育参与意识和责任感。通过教师与学生的良好互动，可以改变学生对教师的错误观念，让他们认识到教师是值得尊重和依靠的专业人员。

首先，教师是建立人际关系的专业者。教育过程并不仅仅是简单地向学生传授知识，更重要的是与学生建立良好的关系，了解他们的需求和兴趣，根据不同的学生制订个性化的教学计划。教师能够通过个人互动、鼓励和激励学生，引导学生积极参与学习过程。这种人际关系的建立和维护是科技无法取代的，还需要教师的温暖、关怀和智慧。其次，教师是学生的榜样和引路人。教师是知识的传授者，可以为学生树立正确的价值观和道德观念。教师通过言传身教引导学生学会思考、判断和辨别是非。教师的职责不仅在于传递知识，更在于培养学生的综合素质和个性发展。这种教育过程涉及情感的交流和理解，需要教师具备丰富的人生经验和情感智慧。再次，教师是学生学习的导航员和指导者。教师拥有丰富的学科知识和教学经验，能够有效地组织和设计教学内容，帮助学生掌握知识和技能。他们可以根据学生的学习进度和能力开展个性化指导，及时发现和纠正学生的错误和困惑。这些指导和辅导的过程无法简单地依赖科技实现，需要教师的灵活性和教育专业知识的支持。另外，教师还扮演着学校与家庭之间的桥梁和沟通者的角色。他们与学生的家长保持紧密联系，及时了解学生在家庭环境中的情况，与家长合作共同关心学生的成长和发展。教师可以向家长提供专业的教育建议和指导，帮助家长更好地支持和引导孩子的学习。这种家校合作的机制和教师的参与是科技无法替代的，需要教师的专业性和责任感。此外，教师还能够培养学生的创造力和批判性思维能力，通过启发式教学、课堂讨论和实践活动等方式，激发学生的兴趣和想象力，培养他们的创造性思维和解决问题的能力。这种能力的培养和发展需要教师的引导和指导，科技无法完全取代。最后，教师在学校管理和组织中也发挥着重要的作用。教师不仅要负责教学工作，还要参与学校的管理和决策，可以为学校提供专业建议和经验，推动学校的发展和改革，还可以与其他教师和学校管理层合作，共同推进教育事业的发展。这种参与和贡献是科技无法代替的，需要教师的智慧和专业性。

教师在教育领域中拥有独特的价值和作用，不能简单地被科技所替代。他们通过建立人际关系、成为学生的榜样和引路人、提供个性化的指导和辅导、作为家校沟通的桥梁、培养学生的创造力和批判性思维能力，以及参与学校的管理和组织，发挥着不可替代的作用。因此，应该努力改变"教师可以替代"的错误观念，重新认识并尊重教师的专业性和价值，为教师的发展提供更好的支持和保障。

只有这样，我们才能够真正实现优质教育的目标，为学生和社会的发展作出积极的贡献。

改变对教师定位的错误看法需要全社会的共同努力。加强教师的专业发展和培训、借助媒体和宣传的力量、加强与家长和社会各界的沟通和合作、改善教师评价体系、加强与学生之间的互动和交流，可以逐渐改变人们对教师的看法，让人们真正认识到教师是专业人员，对教育事业发展具有重要意义。这将为教师的专业化发展和教育事业的繁荣作出积极贡献。教师应该改变传统的刻板教学观念，确立教师职业的专业性，去除教学活动中的主观因素和不确定性，并树立终身教育的理念。有些教师对教育事业没有主动性和热情，将自身的职业发展视为一个"顺其自然"而非要求主动探索的过程，所以经常在课堂实践中依赖以往的经验，使教学失去创新性和能动性。从更为宏观的角度来看，现代社会的发展呼唤教师定位的转变。在当今时代，"传道、授业、解惑"被赋予了新的内涵，不再是纯粹的道德教化，而是教师以身作则，用崇高的师风和完整的人格感召学生，实现教师与学生的共同进步；知识的传输和解答应该朝多角度的方向发展，鼓励师生在研习和讨论中共同构建完整的知识体系，不让学生依赖标准答案的指示，而是在探索和实践中寻求新知。很多教师对自己的职业定位非常保守，认为自己只负责传送知识、帮学生获得理想的成绩，这种观点难以满足现代教育要求的专业化发展，"专业的教育家"和"研究型教师"等目标更是无从谈起。教师应树立强烈的教师专业化的教育理念，不仅视自己为新型的知识传授教师，还要视自己为教学过程中的促进者、研究者、改革者和决策者。

（二）制度层面：建立教师专业化制度保障体系

教师专业化不能仅仅停留在观念层面上，更应该体现在现行的教育制度当中。教师专业化制度保障体系的建立是为了提高教师的专业素养和职业发展，从而推动教育的质量提升。教师的专业化制度保障体系应该是一个完整、科学和可操作的系统，包括教师培养、教师评价、教师发展和教师激励等方面的内容。教师培养包括教师教育机构和教师培训体系的建设。教师教育机构应该提供规范、有效的师范教育课程，培养学生掌握必要的专业知识、教育理论和教育实践技能。教师培训体系应该提供系统、针对性的教师培训课程，满足教师在不同阶段和领域的发展需求。当下，我国已经推出了新的教师资格证书制度，这不仅能为教师专业化提供政策上的支持，也是教师专业化进程的有力见证。此外，教师培养还应该注重培养教师的教育责任感、教育伦理和专业精神，使其具备扎实的专业素养、创新能力和终身学习的动力。教师评价应该是多维度、全面和公正的，旨在客观评估教师的教育质量和专业能力。

  教师评价可以采用多种方法，包括学生评价、同行评价、领导评价和家长评价等。教师评价的结果应该被用于教师聘用、晋升、激励和发展的依据，同时也应该被用于教育管理和决策的参考。教师评价还应该与教师发展相结合，为教师提供个性化的专业发展计划和指导，使其能够不断提升自己的教育水平和专业素养。教师发展包括教师职业发展和教师专业发展两个方面。教师职业发展应该提供清晰的职业发展路径和晋升机制，为教师提供良好的晋升机会和职业发展前景。教师专业发展应该提供多样化、个性化的专业学习机会和资源，包括学术研究、教学实践、教育创新等方面的内容。教师发展还应该注重教师的终身学习能力培养，鼓励教师参与教育研究、课题研究和专业交流活动，不断更新自己的知识和教育理念。教师激励应该包括经济激励和非经济激励两个方面。经济激励可以通过提高教师的工资待遇、设立奖励基金、提供住房补贴等方式来实现。非经济激励可以通过表彰先进个人、提供职业发展机会、提供良好的工作环境等方式来实现。教师激励应该根据教师的贡献和表现进行评估和分配，注重公平和激励效果的平衡。同时，教师激励也应该注重激发教师的工作动力和职业满足感，使其能够全身心地投入教育事业。政府应该出台相关的法律、法规和政策，明确教师的权益和责任，保障教师的职业尊严和发展空间。教育管理部门应该加强对教师专业化制度的规划、组织和监督，确保制度的有效实施和运行。教育界应该积极倡导教育改革和教育创新，构建良好的教育生态环境，为教师的专业发展提供支持和条件。

  建立教师专业化制度保障体系是一个复杂且长期的过程，需要各方共同努力。教师培养、教师评价、教师发展和教师激励是教师专业化制度保障体系的重要组成部分，需要系统和有序地进行推进。同时，政策和机制的支持是建立教师专业化制度保障体系的重要保障。只有通过多方合作，共同推动教师专业化制度的建立和完善，才能够为教育事业的发展提供坚实的人才保障，为学生的成长和社会的进步作出积极的贡献。

目前，对于我国教师资格证书制度的科学鉴定还需要进一步规范。另外，在教师教育课程鉴定制度、教师教育水平等级评估制度等方面也要逐步加强和完善。

首先，应借助科学化的鉴定要求对教师的综合素质进行全面评估。在过去，教师资格证书的发放主要基于学历和培训情况，忽视了教师的实际能力和专业素养。为了改变这一现状，我国应不断探索和实施基于综合素质评价的教师资格考试模式，注重对教师的知识水平、教育教学理论与实践能力、教育教学案例分析等方面进行考核。这种综合素质评价的方式更加科学，能够全面、客观地评估教师的能力和潜力。

其次，规范化操作要求建立完善的教师资格证书管理体系。为了确保教师资格证书的发放和使用都符合统一的标准和流程，我国教育部门对教师资格证书的管理进行了深化和规范化。在制度层面上，建立了统一的教师资格考试制度、教师资格证书颁发办法和教师资格认定程序等，明确了教师资格证书的发放要求、使用范围和期限等方面的规定，同时，加强了对教师资格证书的监管和督导，确保证书的真实性和有效性。此外，科学化鉴定和规范化操作需要借助信息技术手段。近年来，随着信息技术的迅速发展，教师资格证书管理逐渐借助互联网和大数据技术进行了升级，通过建立全国性的教师资格证书数据库，并与相关教育机构、学校等信息系统进行联网，实现了证书信息的共享和在线查询。这样不仅提高了证书管理的效率和准确性，也方便了教师和用人单位的查询和验证。为了更好地实现教师资格证书制度的科学化鉴定和规范化操作，还需要进一步完善考试内容和评价标准。教师是培养人才和传播知识的重要角色，他们的素质和能力应当与时俱进，紧跟教育改革的步伐。因此，在设计教师资格考试的内容时，应根据教育教学的最新理论和实践，结合教师职业发展的需求，确保考试的科学性和实用性。同时，评价标准也应符合教育教学的特点，既注重学科知识的掌握，也关注教育教学的方法和效果。

（三）培养层面：以教师专业化为导向，深化教师教育改革

1. 用"教师教育"的观念取代"师范教育"的观念

传统的"师范教育"观念的局限性是片面强调教师的定向和计划培养，缺乏开放和竞争；过分突出教师的职前培养，对于教师的职后培育和终身教育强调不够。这个转变的核心在于不再只注重向教师传授学科知识和教学技能，而更强调培养教师的专业素养、教育理念和教学研究的能力。

传统的师范教育主要关注知识传授和教学技巧的培养，而现代的教师教育则更加关注培养学生的创造力、批判思维和解决问题的能力等核心素养。教师教育应该促使教师成为具备独立思考和教学创新能力的专业人士。为了实现这一目标，教师教育需要重视培养教师的自主学习和专业发展能力，激发他们对教育事业的热情和责任感。教师教育的课程设计需要根据教师职业需要进行全面改进，除了传授教学技能和学科知识外，还应包括教育理论、教育心理学、课程设计和教育法律法规等方面的内容。这样的多元化课程设计可以帮助教师全面认识教育领域的知识和理论，并将其运用到实际教学中；此外，还应该加强教师实践和实习环节，使教师能够在真实的教学场景中获得实践经验，并通过反思和指导来提高自己的教学效果。师资队伍建设对于实现教师教育的专业化至关重要。教师教育的师资队伍要具备高水平的学术素养和教学能力，同时还需要具备丰富的教育实践经验。为了推进教师教育的专业化，需要加强对教师教育师资的培养和引进工作，培养具备理论研究和实践经验的教育专家，吸引更多有激情和才华的人才加入教师教育领域。此外，还需要建立健全的教师教育师资培训机制，为现有教师提供进修和专业发展的机会，不断提高他们的教育教学水平。将科研与教学相结合是实现从"师范教育"到"教师教育"的专业化转变的另一个重要方面。教师教育院校应鼓励教师教育师资开展教育研究，推动教师教育理论的不断创新和实践经验的总结。通过深入研究教育问题和教育实践，教师教育师资可以不断提炼出适合当下教育需求的教学策略和方法。同时，教师也要参与课程改革和教学实践的研究，促进教师专业成长和教育教学质量的提高。通过将科研成果应用于教学实践中，教师能够更好地理解学生的需求和特点，提供更有效的教学方法和策略。将教师培养从"师范教育"向"教师教育"的专业化过渡，是一个持续努力的过程。这需要全社会的共同努力，在政策、课程设计和师资队伍建设等方面进行系统性改革和创新，以培养具备高素质、专业能力和创新精神的现代教师，为教育事业的发展作出更大的贡献。只有不断提升教师教育的质量和水平，才能满足社会对于优秀教师的需求，为学生的成长和发展奠定坚实的基础。

正确地引入市场竞争机制可以为教师培养增加活力和创新性，提高教师素质和教育质量。然而，过度依赖市场竞争可能导致一些问题，如资源不均衡、质量参差不齐等。因此，在引入市场竞争机制之前，需要进行适当的规划和管理，以确保教师培养的公平性和可持续发展。在引入市场竞争机制之前，应该建立健全的教师培养监管机制。这个监管机制需要包括对教师培养机构和培训项目的审批和评估，并设立相应的质量标准和指标。通过对教师培养机构进行严格审核，可以筛选出具备优质教学资源和师资团队的机构，确保教师培养的质量和水平。同时，还需要建立信息公开和监督机制，让社会各界能够了解教师培养机构的情况，并对其进行监督和评价。在引入市场竞争机制后，应该鼓励和支持不同类型的教师培养机构和项目的发展，这样可以为教师提供更多的选择，满足不同教育需求和发展方向的教师培养需求。例如，可以有针对专业技能培养、教育理论研究、特定学科教学的机构等。通过提供多样性的培养机会，可以激发教师的创新能力和教学热情，促进教师的全面发展。

在市场竞争中，优秀人才的流动是一种常态，因此需要提供合适的激励机制吸引他们投身于教师培养领域，可能包括提供丰厚的薪酬待遇，提供广阔的职业发展空间，设立专项奖励和荣誉等。通过这些激励措施，可以吸引高素质的教育人才从事教师培养工作，并提升培养机构和项目的整体质量。当引入市场竞争机制时，应该遵循公平、公正、透明的原则，确保竞争环境的公正性。这就意味着要建立法律法规和规章制度，明确市场准入条件、经营规范和违规处罚等，有效监管市场行为。此外，还应该加强对教师培养机构和项目的评估和监测，及时发现和纠正不正当竞争行为，维护市场的健康和有序。

最后，应建立良好的信息共享和交流机制，促进教师培养的协同发展。在市场竞争中，信息的对称性和共享是非常重要的。教师培养机构和教育部门应该建立信息共享平台，及时发布教师培养政策、课程设置、教材要求等信息，为培养机构提供准确的参考和指导，促进资源共享和协同发展。此外，还应该鼓励教师培养机构之间的合作与交流，搭建交流平台，分享教学经验和教育研究成果，提高整体教师培养水平。

2. 注重教师的职前教育和职后教育衔接

为了实现职前教育和职后教育的衔接，需要确保两者的目标具有一致性和连贯性。职前教育的目标应该与职后教育的需求相适应，紧密联系，并有针对性地培养教师的基本知识、专业技能和教学能力。同时，职前教育要注重培养学生的自主学习能力、创新思维和问题解决能力，以应对职业发展过程中的变化和挑战。职后教育应以满足教师的专业发展需求为导向，提供教师在实际工作中所需要的教学技能、管理能力和专业知识更新。

职前教育应该更加注重实践性和问题导向。通过教学实习、教育实训和案例分析等方式，让学生参与教学活动，锻炼学生解决实际问题的能力，增强教学的实效性。职前教育应不断更新教学内容，紧跟时代发展和教育改革的需求。在培养学生教育技能的同时，也要培养学生适应变化的能力，让其具备灵活性和创新性。此外，还可以通过开设多样化的选修课程，提供给学生更多的选择和发展空间。这样有助于培养出多元化的教师队伍，满足不同学校和地区的教育需求。

为了确保职前教育与职后教育的衔接，可以建立相关的机制和平台。首先，学校和教育局可以建立联系机制，促进职前教育机构与职后教育机构之间的合作。通过共享资源、信息和经验，提高教师培养的整体质量和水平。其次，可以成立专门的教育研究机构或团队，负责研究和推广衔接职前教育与职后教育的有效方法和策略。这有助于形成一种持续改进和发展的文化，促进教师培养的不断创新和进步。

在职后教育中，需要加强对教师的支持和指导，为他们提供良好的成长环境和发展机会。相关部门可以建立完善的导师制度，安排经验丰富的教师担任新教师的导师，为他们提供指导和支持。导师可以定期与新教师进行沟通交流，帮助他们解决工作中遇到的问题，分享教学经验和教育资源。同时，相关部门还可以通过组织专业发展培训、研讨会和交流活动等方式，给教师提供学习和进修的机会。这有助于激励教师的自主学习和持续专业成长。

3. 教师教育课程和教学模式的改革

我国师范院校的课程知识体系还不够先进，教育类课程有限。为了解决知识体系陈旧的问题，可以着手更新课程内容，紧跟时代发展的步伐。当前，社会变化快速，各个领域的知识也在不断更新。师范类院校应当定期评估和更新教师培养计划，将最新的学科知识和教育理论纳入课程中。同时，要注重培养学生的学术研究能力和创新思维,引导他们关注教育前沿问题,并进行独立的研究和探索。随着科技的飞速发展,教育技术和信息技术在教学中的应用已经成为教师必备的能力。因此,师范类院校应当加强对教育技术和信息技术的培养,开设相关课程并提供实践机会,让学生掌握并使用现代技术支持教学。

另外,师范类院校还可以引入跨学科知识,拓宽学生的知识视野。教育是一个综合性的学科,与其他学科有着密切的联系。师范类院校可以开设一些跨学科的课程,如心理学、社会学和传媒学等,让学生获得更丰富的知识和全面的发展。

为了解决课程门类贫乏的问题,师范类院校应当为课程多样化作出努力,可以通过以下几个方面来进行改革:首先,要增设专业课程。除了常见的教育学和心理学等基础课程外,还可以针对不同学科和教育阶段开设专业课程。例如,可以开设针对小学、初中、高中等不同层次和学科的教学方法课程,让学生学会针对不同学段和学科的教学特点进行教学设计和实施。其次,要注重教育实践课程。教育是一门实践性较强的学科,师范类院校应该增加教育实践课程的比重。通过实践课程,学生可以参与教学活动,锻炼自己的教学技能和解决问题的能力。实践课程包括教学实习、教育实验、社会实践等,能够提供给学生更多的机会去了解和实践教育工作。最后,师范类院校要开设与教育相关的选修课程,让学生有更多的选择余地。选修课程可以涵盖教育管理、学校文化建设、教育法律等方面,以满足学生个性化的学习需求,培养他们的专业特长和发展方向。

除了改进课程内容和门类,还要优化教学方法和手段,提升教学质量。第一,要推行多元化的教学模式。传统的教学模式以课堂授课和书本讲解为主,师范类院校应该借鉴现代教育技术的优势,采用多媒体教学、案例教学和小组讨论等方法,增强学生的参与度和学习兴趣。第二,要注重理论与实践相结合。在教师培养的过程中,理论知识和实践能力是相辅相成的。师范类院校应该通过教学实习、实验教学和教学设计等方式,让学生将所学知识运用到实际教学中,并及时进行反思和修正。第三,要加强教师的培训和发展。师范类院校可以与教育局、学校、社会机构等建立合作关系,共同开展教师培训和研讨活动,提供教师继续学习的机会。

要更新课程知识体系,丰富课程门类,优化教学方法和手段。这些措施可以提高师范类院校的教育质量，从而培养出适应时代发展需求的优秀教师，推动整个教育事业的发展。

4. 推进继续教育的发展

职前教育不可能一次性提供一个优秀教师所需要的所有知识，在职培训也不可能通过间断的、孤立的方式改善教师的教学行为；教师的发展应该是终生的、持续性的过程。通过继续教育，教师可以补充新的知识，发展多种能力并且不断提高职业素养。同时，教师也只有通过继续教育才能在常识、智能和品德等方面保持教育者特有的优势，巩固教师职业的专业地位。

（四）实践层面：加强教育理论和教育实践的结合

1. 加强教育理论和教育实践的结合

目前的教育见习和实习的形式应该加以改进。加强师范院校和中小学校的合作伙伴关系，为解决我国师范生实习问题和提高在职教师的专业发展指明方向。

2. 增强职前和在职教师的反思意识和行动研究能力

反思是一种自我的批判性态度和方法。反思的过程是教师的自我纠错、自我教育的过程，对于促进教师的成长具有重要意义。要重视教师的反思性判断力的培养，突出"反思性实践者"的角色，发现和解决教育中的相关问题，改变教师形象，突出专业化特色。要把教师的专业发展扎根于自己的实践当中，与学校日常生活、与身边的教学、与生动活泼的学生的变化联系在一起。

二、我国教师专业化发展的措施

（一）全面推进教师教育创新，构建开放、灵活的教师教育体系

现如今，我国传统的师范教育实行的是学科教育与教师专业教育简单混合相加的定向培养模式，学科教育水平低，教师教育课程单一、观念滞后、内容陈旧、手段方法落后，理论与实际的联系不够紧密，这导致教师教育的质量和水平无法适应新一轮基础教育课程改革的需要。因此，必须提高教师教育的办学层次，推进教师教育体系创新，构建新的人才培养模式，从整体上提高教师教育的水平。

（二）改革教师教育模式，将教师教育逐步纳入高等教育体系

随着小学学龄人口的减少和高等教育规模的扩大，目前，我国已经具备了逐步提高教师学历水平的条件。我国教师教育体系从东部向西部，逐步由旧"三级师范"（中师、师专、本科）向新"三级师范"（师专、本科、研究生）过渡。随着中小学教师学历补偿教育的完成和继续教育的开展，省、市二级教育学院陆续与师范大学、师范学院和师范专科学校合并、改制，在资源整合的基础上发挥着新的作用。县级教师进修学校将成为培训的管理协调和组织者以及与大学紧密联系的培训点，高等学校将逐步加强与区、县教师培训机构和中小学的联系，教师教育逐步被纳入高等教育体系，基本形成中小学教师职前教育与在职教育一体化的教师教育体系。

（三）建立教师终身学习的教师教育制度

建立教师终身学习的教师教育制度，是国家采取的主要政策措施。第一，实施"全国教师教育网络联盟计划"，构建中小学教师终身学习体系，形成全国"人网""天网""地网"相互融通、系统集成的全国教师教育网络联盟体系，使不同地区尤其是农村地区广大教师共享优质教育资源，提高教师培训的效益和质量。第二，加强县级教师培训机构建设，构建区域教师学习和资源中心。第三，实施"区域教师学习与资源中心建设计划"，为广大教师终身学习提供支持服务。第四，积极推进县（市）级教师培训学校与教科研、电教等相关部门和机构的资源整合和合作，优化资源配置，形成合力，积极构建上挂高等院校、下联中小学校，具有组织、协调、管理和服务等多种功能的新型县级教师学习和资源中心，为教师的终身学习和专业发展提供基础设施和组织保障。教育部应制定示范性县级教师培训机构标准，在全国范围内组织示范性教师学习与资源中心的评估和认定。

积极发展以教师任职学校为基本组织形式的教师校本研修制度，形成以校为本的教师终身学习型组织，为实施教师教育网络联盟计划、开展教师全员培训提供基础保障，促进教师全员学习、终身学习的开展，不断提高教师的专业化水平。

（四）实施"全国教师教育网络联盟计划"

"全国教师教育网络联盟计划"（以下简称"教师网联计划"）是教育振兴行动计划先行启动的重要项目，旨在以现代远程教育为突破口，在相关部门的支持和推动下，充分调动各级各类举办和支持教师教育的高等学校（机构）的积极性，整合资源，构建以师范院校和其他举办教师教育的高校为主体，以高水平大学为核心，覆盖全国城乡的教师教育网络体系。

教师网联计划的任务是按照当下对高素质专业化教师队伍建设的要求，以教育信息化带动教师教育现代化，实现不同地区、不同层次的中小学教师共享优质教育资源，全面提高教师教育质量水平，大规模、高质量、高效率地开展全国中小学教师学历提升教育、非学历培训和教师资格认证课程培训，大幅度提升全国中小学教师队伍素质。

实施教师网联计划，以"创新、集成、超越"作为总的指导原则，工作思路是：总体规划，分步实施，重点突破，全面推进。教师网联体系建设分"三步走"。

第一阶段：以现代远程教育试点师范大学和中央广播电视大学等首批成员单位为主体，初步建立教师教育协作组织和标准化、开放性的公共服务平台，运用光盘教学、卫星电视教育、网络教育等各种模式，有效开展教师学历教育和非学历培训。

第二阶段：教师网联扩大到具备条件的省属师范院校和其他举办教师教育的高等学校；基本形成以区域教师学习与资源中心为支撑的公共服务体系；建立适应实施新课程改革需要的教师学历与非学历培训课程体系，完善教师网联管理制度与运行机制。初步形成教师网联教师教育资源库及资源管理与服务的基本框架。

第三阶段：完成教师网联课程体系建设，完善中小学教师继续教育资源开发、建设、服务与管理体系；建立并基本形成各种教育形式衔接与沟通、教师学历与非学历培训相沟通的机制。基本形成具有时代特征和中国特色的教师终身学习体系。

教师网联计划是以教育信息化推动教师教育的现代化、推进教师教育创新和建立教师终身学习体系的一项宏伟事业。各级教育行政部门、有关高校及相关教育机构必须高度重视，加强领导，积极支持，形成合力。各省级教育行政部门要将教师网联计划的实施作为全面提升教师教育质量，大幅度提升教师队伍素质的一项重要措施，纳入当地教师培养培训总体规划，积极推进教师教育的信息化，积极运用现代远程教育手段开展教师培训。积极组织教师参加高质量、高水平的培训，推动基层各类教师培训机构的整合，建设区域教师学习与资源中心，理顺管理体制，规范教师培训，对教师网联在本地的办学质量进行评估和监督，提高培训水平。教师网联成员单位要充分认识教师网联计划的重大意义和自身肩负的重任，与地方教育行政部门密切配合，与各地教师教育机构携手合作，协同努力，发挥整体优势，提高办学水平，为教师教育和教育事业改革发展作出更大贡献。

（五）新一轮教师全员培训以"三新一德"为重点

应以《中小学教师继续教育规定》为依据，以"新理念、新课程、新技术"和师德教育为重点，面向全员，突出骨干，倾斜农村，组织开展对全国中小学教师的新一轮全员培训，使全国大部分教师通过多种途径和形式，接受不少于240学时的培训，使师德水平和业务素质显著提高。

全面推进素质教育是当前和今后一个时期内我国教育改革发展的主要目标和行动纲领，也是一项长期且艰巨的历史任务。实施素质教育对广大教师的教育思想和教育观念等提出了新的要求和挑战。因此，新一轮教师培训要坚持素质教育的理念，促进广大教师树立和实施与素质教育相适应的教育观和人才观，增强实施素质教育的主动性和自觉性。

基础教育课程改革是推进素质教育的核心环节。多年以来，教育部先后颁发了《基础教育课程改革指导纲要》以及《义务教育阶段课程标准》和《普通高中阶段课程标准》，并从2001年开始进行基础教育新课程改革实验推广工作。推进基础教育课程改革，教师是关键。新课程对教师的教育观念、知识结构、教学方法和教学手段都提出了新的要求。加强新课程师资培训是新一轮教师培训的重点内容之一。教育部已确定了"先培训后上岗，不培训不上岗"的原则，要求每个拟进入新课程的教师都要通过多种途径接受不低于40学时的岗前培训。

现代信息技术在教育领域产生了深刻且具革命性的影响。我国已确立了以信息化带动教育现代化的教育发展战略，积极采取有效措施加快推进中小学信息化。教育信息化的迅速发展，迫切呼唤广大教师应尽快提高信息素养，提高运用现代教育技术进行教学改革的能力。因此，教育部将现代教育技术作为新一轮教师全员培训的重点内容之一，将在全国教育系统实施"中小学教师信息技术培训和考试认证"，要求中小学教师普遍接受不低于 50 学时的现代教育技术应用能力培训，促进教师运用新技术推进教学改革，提高教学质量和效益。

师德建设既是公民道德建设的重要组成部分，又是全社会道德建设的重要推动力量。加强对教师师德教育，提高教师师德修养，关系着广大青少年健康成长，关系着国家的未来。必须把师德教育作为中小学教师培训的一项长期任务和重要内容抓紧、抓实、抓好。

（六）深化学校管理人员培训，全面提高教育管理干部素质

当前，要重点做好以下几个方面：扩大培训规模，加强干训师资队伍建设，做到干训教师的专兼结合互为补充、资源共享；坚持培训与使用相结合，健全培训激励约束机制，要把培训与使用相结合的各项规定落到实处。

（七）全面推行普通中小学和中等职业学校校长聘任制和校长负责制

全面推行普通中小学和中等职业学校校长聘任制和校长负责制，是建设高素质专业化校长队伍的重要途径，也是完善学校民主政治建设的重要内容。其目标是要建立符合中小学和中等职业学校特点和校长岗位要求的竞争择优、能上能下、能进能出、有效激励、严格监督的充满活力的校长选任机制，加强校长队伍建设。因此，要特别注意把握好以下几点：

1. 严格掌握中小学校长任职条件和基本要求

中小学校长必须具备良好的思想政治道德素质、较强的组织管理能力和较高的业务水平。校长应具有中级以上教师职务，一般有 5 年以上教育教学工作经历，有条件的地区应当对中小学校长的任职条件提出更高的要求。

2. 改革中小学校长选拔任用方式

当出现校长职务空缺或校长任期届满而需要重新确定校长人选时，要将公开招聘、平等竞争、严格考核、择优聘任的办法作为主要的选拔任用方式，充分发扬民主，引入竞争机制，保障教职工对校长选拔任用工作的知情权、参与权、选择权和监督权，切实提高社区组织和家长代表在选拔中小学校长过程中的民主参与程度。

3. 实行校长任期制

要对现行的校长任命制度进行改革，明确校长的岗位职责，完善对校长的考核激励、监督制约机制。要打破校长的"职务终身制"，实行中小学校长任期制，明确任期目标责任，完善校内民主管理制度。要坚持实事求是、客观公正、注重实绩的原则，加强对校长的年度考核和聘期考核工作，考核结果作为续聘、奖惩的重要依据。

第三章 教师教育政策发展

要想促进教师教育的发展，就离不开教师教育政策的支持。教师教育政策是维系教师教育生命的关键因素，在很大程度上左右着教育改革与发展。本章主要介绍了教师教育政策发展，从我国教师教育政策的制定与完善和中外教师教育政策对比研究两个方面进行了阐述。

第一节 我国教师教育政策的制定与完善

教师教育是教育事业的"工作母机"，既决定着教师的质量，也影响着教育的质量，因此，必须高度重视教师教育。由于教师教育的发展和完善离不开政策的支持和保障，制定完善的教师教育政策是十分必要的。

一、教师教育政策的内涵

（一）教师教育政策的含义

在我国的教育政策体系中，教师教育政策是一个重要的组成部分。教师教育政策，就是国家机关、政党及其政治团体在特定历史时期，为了保障教师教育的正常发展，依据党和国家在一定历史时期的基本任务、基本方针以及教育基本政策而制定颁布的有关教师职前培养、入职教育和在职培训等方面的政策。教师教育政策是国家保障教育事业顺利发展、确保教育事业真正为社会发展服务的一项重要政治举措，也是规范教师教育，引领教师教育发展的风向标。

（二）教师教育政策的特点

教师教育政策相比其他的教育政策有着鲜明的特点，而且不同国家的教师教育政策在特点方面也有一定的差异。在这里，着重分析一下我国教师教育政策的特点。

1. 政府主导性

我国在制定较为重大的教师教育政策时，通常先由教育部人事司、师范司等各司局提出，然后形成政策议案，并报请国务院通过后送全国人民代表大会审查和批准。由此可知，我国在制定教师教育政策的过程中，政府往往起着极其重要的作用。因此，政府主导性是我国教师教育政策的一个重要特点。

2. 体制聚焦性

我国教师教育政策更多聚焦于体制，寄希望于通过体制的变革和创新来推动教师教育的发展。因此，体制聚焦性是我国教师教育政策的一个重要特点。

3. 利益性

在制定和执行一项教师教育政策时，通常会涉及众多的利益者，而且每一个利益者都想通过该项政策获得一定的利益。在此影响下，教师教育政策便具有了鲜明的利益性特点。

对教师教育政策的制定与执行过程进行分析，可以发现，这一过程与其说是理性主义的科学过程，不如说是各利益主体博弈、较量、权衡、协商、妥协的权力角逐过程，即各利益主体运用掌握的政治资源，实现自我利益最大化的。

二、教师教育政策的制定

在制定教师教育政策时，要使其发挥出最大的效力，真正成为增加教师职业幸福的手段，就需要遵循以下几个原则：

（一）公正性原则

公正性原则指的是在制定教师教育政策时，应确保教师教育领域中各种利益的分配、资源的配置都是公平的，每一位有可能成为教师或已经成为教师的人都能够有平等的机会接受教师教育。

（二）科学性原则

科学性原则指的是在制定教师教育政策时，应根据完备的综合信息、客观的分析判断，针对许多备选方案进行优缺点评估、排定优劣顺序、估计成本效益，预测可能产生的影响，经过充分的比较分析后，选择最符合经济效益的最佳方案。这能够在很大程度上保证制定出教师教育政策具有科学性、客观性和可行性，从而使教师教育政策发挥出最大的效益。

（三）参与性原则

参与性原则指的是在制定教师教育政策时，应允许、鼓励包括教师在内的利益相关者积极参与决策。这既能够保证所制定的教师教育政策符合大多数教师的要求和利益，也能够保证所制定的教师教育政策具有针对性和全面性。

（四）人本性原则

人本性原则指的是在制定教师教育政策时，应充分尊重教师，重视保障每位教师的个体利益，保障教师能够真正自由地、自觉地张扬主体力量，完善自己的素质，提升自己的精神境界。

第二节　国外的教师教育制度

一、英国教师专业化发展政策

1973 年的世界石油危机使英国经济遭受重大打击，经济因素影响了英国教师教育的发展。为此，英国政府出台了一系列有关教师教育结构调整与扩展的报告和政策，以改革教师教育，使之成为振兴与促进社会发展的有利因素之一。20 世纪 80 年代后，随着世界范围内教师专业化运动的兴起，英国开始进行教师教育改革，对教师的培养开始转向以促进教师职业的专业化为核心内容的活动，创办以中小学为基地的教师培训模式，可以说是英国正式的教师专业化运动的开始。20 世纪 90 年代以来，由于经济发展对教师的要求越来越高，公众对教师的教学质量产生了怀疑。为此，英国政府把教师专业发展当作一个长远的教育战略，采取了许多相应的措施。

（一）教师教育的扩展与一体化政策

1.《詹姆斯报告》的教师教育一体化政策建议

20世纪50年代以来，教育学院和大学教育系不断扩充，在对新教师进行教育理论和教学技能的培训方面取得了很大的成就。但是，当时教师培训的对象主要是新教师。整个20世纪60年代，英国一直面临着严重缺乏教师的问题，教育学院和其他培训机构也面临着巨大的压力，它们不断开发新的教师教育课程，同时还要对学生数量的增加作出回应。1970年，英国教育和科学国务大臣撒切尔夫人任命以詹姆斯为首的教师培训调查委员会对教师教育进行调查。1972年2月，委员会发表了《教师和青年工作者报告》，即著名的《詹姆斯报告》。

詹姆斯委员会提出教师教育的建议，对学校儿童或学生兴趣的关注超过对机构甚至教师专业的关注。在制定报告的过程中，詹姆斯委员会坚持两条原则，一是希望提出的建议能被迅速执行并联系未来实际，以便能够为未来20~25年的教师教育的发展提供一个稳定的框架；二是强调建议应该有助于提高教师的专业地位，有助于提高进行教师教育和培训的机构的地位。在很长一段时间内，教师一直被认为没能胜任自己的专业责任，教育学院也一直被认为是高等教育系统的比较低级的合作伙伴。詹姆斯委员会希望通过报告的执行为教师专业和教育学院朝新的独立的方向发展作出贡献。

（1）教师教育培训的三个阶段

《詹姆斯报告》提出将教师教育分为连续的三个阶段，即个人教育阶段、入职教育阶段和在职培训阶段。

第一个阶段是为期两年的普通高等教育，即个人教育阶段。课程包括普通科目和专门科目。普通科目占全部课程的三分之一，专门科目占全部课程的三分之二。在普通科目学习阶段结束后，学生可以获得高等教育文凭。关于高等教育文凭，报告中指出普通教育课程应该为学生提供自我教育的机会，向他们介绍人类思考与活动的主要领域，并让学生从众多课程中选择合适的课程。专业学习应该包括与教师职业相关的学习，所设课程应为学生提供在学校各个领域及社会机构工作的机会。高等教育文凭为未来教师提供了普通学习与专业学习相结合的机会。

第二个阶段是为期两年的专业培训，即职前教育阶段。学生第一年仍在师资培养机构学习，专修教育专业课程。报告明确了第二阶段两年的学习任务。其中，第一年主要是学习教育理论，但应该密切联系实际。报告指出，在这一年中，学生在师范学院、大学、多科技术学院学习与教育有关的课程，如心理学、社会学、教育管理史等。此外，在这一年中，学生应该花几周的时间到中小学校去实践，获得至少 4 周的实际经验，这样有助于巩固他们学习的教育理论知识。在第一年学习结束后，成绩合格的学生被称为"合格教师"。在第二年，学生将前往学校任教实习。在任教实习期间，学生每周至少应有 1 天时间到附近的专业教育机构或专业中心参加进修活动，并随时接受学校中指定的专业导师的指导。整个第二阶段的学习结束后，成绩合格者成为"注册教师"，可以获得教育学士学位。成绩优异者可继续攻读教育硕士学位。

第三个阶段为在职培训阶段。这一阶段是三个阶段中的重点。《詹姆斯报告》指出，所有学校的教师以及继续教育学院的全日制工作人员在服务每满 7 年后，至少应有 1 个学期时间留职留薪进修。此项权利应明确写入教师聘约中，这一目标达成后，应再改为每 5 年休假进修 1 学期。

这一阶段包括一系列的在职培训活动，如晚间会议或讨论周末会议，教师在业余时间为了获得更高学历或高级职称参加的课程等。这些培训活动具有不同的时间跨度和模式，满足了不同教师的需要。通过这一阶段的培训活动，教师可以继续他们的个人教育发展专业能力，促进他们对教育原则和技术的理解。为了满足第三阶段教师在职培训的需要，詹姆斯委员会提议建立一个全国性的专业中心网络，这一网络不仅包括教育学院、教育系，还包括教师培训机构和一些专业中心。专业中心很灵活，有地区性、跨地区性和全国范围的专业中心方便教师参加。专业中心得到学院和大学教育系地区委员会的指派，由全日制和辅助性的工作人员为第三阶段教师的培训提供课程。

（2）国家和地区的教师培训机构

除了教师教育三阶段的构想外，《詹姆斯报告》建议设立"学院及大学教育系区域委员会"作为各地师资训练的计划和行政单位，以代替原有的地区师资培训组织。其最显著特征是各地委员会大小类似，以大学及师范学院为区域师资培训组织的主体，同时包括多科技术学院。委员会不再附属于大学，而是一个独立机构。各师资培训机构在新的委员会中均处于平等地位，而与地方教育当局形成合作协调的关系。学院及大学教育系区域委员会包含各种各样的机构，如学校和地方教育局，具有自己的管理人员和主任。

英国全国共设 15 个学院及大学教育系区域委员会，这些区域委员会联合组成"全国教师教育委员会"，以此代替原来设置的全国师资培训评议会。全国教师教育委员会由来自学院与大学教育系区域委员会的 20 名成员组成。全国教师教育委员会以及区域委员会应该包含学术委员会、专业委员会以及下属委员会，负责所有教师专业资格的认证，并对计划第二和第三阶段的培训课程以及第一阶段教育学院或多科性技术学院教育系的工作提出建议。第一阶段工作中主要的学术责任落在区域委员会及学院本身。全国教师教育委员会及区域委员会的资金来源于教育部的直接拨款。

由于政治、经济和人口等因素，《詹姆斯报告》在当时并没有得到较好的实施，其中一个核心原因是"建议主张发展一批受过良好培训的专业群体，这些人将具有良好的信念，从他们的经验和研究出发改变学校，并在政治经济压力面前能独立地进行改革。而这与现实政策离得太远了"。但是，从《詹姆斯报告》的内容来看，它所提出的这些建议对后来英国教师教育的发展产生了深刻的影响。

《詹姆斯报告》建立了教师教育的个人教育职前培训和在职训练两个阶段的完整体系。第一阶段非常重视普通教育科目的学习，为今后从教打下了良好的基础；第二阶段非常注重教育理论与实践的结合，采用一年学习教育理论、一年到学校试教的方式，并将试教作为以任教学校为中心的教育课程。教师教育和培训方案的第三阶段关于在职培训的建议最受欢迎，政府对于詹姆斯委员会提出的教师在职进修的有些建议付诸实施，如新教师最少用五分之一的时间进修，正式教师工作满 7 年可带薪进修一学期，以教师培训机构与教师中心为基础建立全国性的教师进修网，在进修课程上增加学校行政管理民族教育、学前教育等科目。

詹姆斯委员会提出的教师培训的三个阶段，扩展了教师教育的时间跨度，指出不仅新任职的教师需要接受培训，在职的教师同样需要参加培训，而且特别强调了第三阶段培训的重要性，将第三阶段放在第一位来介绍，这是詹姆斯委员会的一个巨大贡献。这是因为实践中在学校任教的教师很少有提升自己专业知识和技能的机会，詹姆斯委员会将注意力放在了正在学校或学院工作的教师的需要上，这无疑是英国教师教育中的一个重大发展。

2.《教育：扩展的框架》关于教师教育系统扩展的政策建议

1972年12月，英国中央政府发表了一份白皮书《教育：扩展的框架》，基本认同了《詹姆斯报告》所定的目标，包括大规模而系统地扩展在职培训，实行见习期计划，废止地区师资培训组织，建立新的地区机构等。但是，由于1973年和1974年的石油危机导致英国经济萧条，财政紧缩，这些计划未能得以实现，但教师在职培训的观念已在人们的脑海中扎了根。

詹姆斯委员会认为教师每7年应当有1周带薪进修的机会。教育与科学部进一步提出，为了提高教师队伍的质量，增加教师在职培训的费用是必要的。

詹姆斯委员会建议，学生在成功地完成了两年的个人高等教育和两年的专业培训后可以授予其教育学士学位。针对这一建议在《教育：扩展的框架》中指出，由教育与科学部建立一个三年制的教育学士普通学位课程，学生从这一课程结业后，既可以获得教育学士学位，又具有任教资格。学生在学习结束后，成绩优异者可以获得这种学位，如果愿意的话，就可以继续学习，获得教育学士荣誉学位。这种课程的标准与大学相同，而且学术内容不比原有的学位课程难。但是，《教育：扩展的框架》不同意詹姆斯委员会提出的另设考试机构来颁发学位的建议，而认为高等教育专业证书可以与学位学习衔接起来，相当于学位学习的二年级程度，并希望大学、多科技术学院、师范学院都能开设二年制专业证书班。

此外，《教育：扩展的框架》还就继续教育学院教师、教师教育的组织和管理提出了建议。

3.20世纪80年代末至90年代初的教师教育一体化政策

1988年，英国《1988年教育改革法案》公布实施，该法案是英国继1944年《巴特勒法案》以来有关教育的最重要的法案。根据该法案相关精神，20世纪80年代末以来，英国在教师教育方面出台了一系列的政策法规。据不完全统计，1988年到1992年年底，英国政府发布的教育法规以及具有法律效力的文件超过10份，其中比较重要的有1989年修订的《教师教育课程鉴定标准》、1989年出台的教师证书制和教师试用期制、1992年教育与科学部颁布的《教师职前培训改革》等。这些政策为20世纪90年代的教师教育改革确定了基调，使教师教育朝着强化中央管理权发展，推行全国统一的课程标准，整合职前试用期和在职三阶段，发展校本教师教育的新模式，培养教育专业的学生的职业技能。

教师教育职前、试用期和在职三阶段联系更加密切，出现了整合趋势。英国的教师教育机构一般都提供职前培训和在职进修教育，教师试用期是指刚走出校门被聘为教师的教师与校方达成协议，第一年为试用阶段，学校在考查新教师的工作业绩年之后再正式发给其聘书。试用期新教师可以参加短期培训课程。可见，在教师教育的三个阶段中，教师教育机构都是主要办学单位。20世纪90年代以来，不仅职前教师培训出现了"以学校为基地"的模式，教师试用期和在职教师进修也出现了"以学校为基地"的办学模式，三阶段教育正在出现整合的趋势。三阶段教师教育的结合点是中小学校这个"基地"。

（二）教师教育专业化发展政策

1. 职前教师教育模式：BED 和 PGCE 课程

四年制的教育学学士学位（BED）和教育学研究生教育证书（PGCE）课程是英国职前教师教育的两种主要模式。前者要求学生进行专业学科知识的学习和教育专业知识的训练，两者培养出来的学生一般都进入小学从事教育事业；后者先让学生学习学科专业知识，再对他们进行教育专业的训练，这就是所谓的"3+1模式"，培养出来的学生主要进入中学任教。成功完成研究生教育证书课程者，即可获得研究生教育证书和教师资格证书，拥有法定的教师资格。

英国教育学学士课程的入学要求与英国一般大学的标准基本上持平，这样能够保证教师的质量。入学后，学生要学习四个方面的课程，即教育理论课程、教学技能课程、教育实践课以及由高等教育和中小学学科组成的学术性课程。

教育理论课程由必修课和选修课两部分组成，必修课包括教育学、心理学、教育史和课程论等，必修课结束后就是选修课，如社区教育、多元文化教育和社会心理学等，还有一门教育研究课程。专业课和教育理论课同时进行，前三年以专业课程为主，最后一年教育理论课程学时比较多。教育理论课程能够为学生将来的实际教学提供理智的指导，使他们在教学的各个领域内融会贯通，客观上增强了他们的自信心。教育技能课程主要包括灵活处理课堂上的突发事件，恰当地与学生进行交流，建立和谐的师生关系和课堂关系，备课，布置作业和评估学生等。教育实习课程充分显示了英国教师教育的特色，即大学与中小学的伙伴合作，故而教育实习课程是在大学和中小学教师的合作下进行的。学术性课程主要是为了帮助学生掌握将来所教学科的精深知识，增强理论理解能力。

教学实习一般安排在第四学年，持续 5~8 周。在这之前，通常有一次非正式的教学实习，时间约 4 周，一般安排在第五学期进行。教学实习还包括下列活动：去中小学参观听课，进行个人调查，实践学习材料，进行个别教学和课堂教学等，一般要求学生花 140~150 个半天在中小学体验生活。

研究生教育证书课程的对象是已经取得学士学位的本科毕业生，他们有志于从事教育事业，但在大学期间所学的专业又不是教育学，因此需要再继续学习研究生教育证书课程，学习时间是 1 年。课程的主要目的是对教育专业学生进行入职培训，帮助他们掌握一定的教育教学技能和班级管理技巧，把所教学科的内容有效地传授给中小学生，并且掌握一定的教育科学研究方法。据调查，学习研究生教育证书课程的教育专业学生一般都对未来的教师职业充满了自信，相信自己有足够的能力成为一名合格的教师，可见这门课程还是比较有成效的。

研究生教育证书课程主要由教育理论和教学方法两门课程组成。课程的主要内容是专业学习、职业学习和教学实习，每一部分的内容都围绕着有效教学而设计。专业学习主要是针对某一门专业课，使学生加深对专业知识的理解；职业学习就比较具体，可以帮助学生了解一些教师的基本要求，培养他们形成良好的职业道德和敬业精神；教学实习课程是研究生教育证书课程的主要内容，在为期 1 年的学习时间内，它占了一半多，教学实习是由大学和中小学联合进行的。研究生教育证书课程的总体目标就是赋予学生从事教师职业所需要的宽广、坚实的知识基础，让学生具有信心，并具有深厚的知识底蕴和对教育问题的理论理解力，将来能够成为优秀的教育实践工作者。课程的最后还要对学生进行学习评估，检查他们在实习中取得的进步，也可以帮助大学和中小学校进行教学反思。经过这样的熏陶和培养，学生既会成为善于思考的研究者，又能成为称职的教师。

20 世纪 80 年代中期，英国开始实施一种新的教师培训模式，这就是所谓的"以学校为基地"的培养模式，教育学士学位课程和研究生教育证书课程在具体开展过程中就是采用这种师资培养方式。这种模式分为以中小学为主和以大学为主两种，两种方式都十分重视大学与中小学之间的密切合作，改变了长期以来盛行的以大学为本的教师培养模式，使中小学与大学培养机构之间建立起了一种平等的伙伴式关系。

现代社会对教师的要求越来越高，传统的教育学士学位课程显得有些力不从心，培养出来的毕业生不能达到小学教师的要求。研究生教育证书课程发展迅速，原来为中学培养教师的研究生教育证书课程开始转向为小学培养教师，这是世界教师教育发展的共同趋势。研究生教育证书课程已经成为英国教师培养的主体模式。英国从职前教师教育阶段就开始重视并推进教师专业化发展的进程，其最大的特色就是在职前教师教育过程中，建立大学与中小学校的合作伙伴关系加强教育实践能力的培养，为学生今后的顺利入职做好充分的准备。

2. 实施教师资格证书制度

教师应该具有从事教学工作的专业资格。这既对教师职业的专业性给予了肯定，也对教师应该具备的专业资格做了规定，对世界各国实施教师资格证书制度有着很大的影响。教师资格证书制度是教师专业化发展的一个主要标志和途径，英国在这个方面做得比较出色。

1998年，英国教育与就业部发表了《教学高地位高标准职前教师培养课程的要求》，形成了系统化的教师培养课程标准框架。在英国，取得教师资格主要有三种途径：一是"本科课程学习"，即在两年预科（A-Level）课程的基础上，再经过3~4年的学习，同时取得"教育学士学位"和"教师资格身份"；二是"研究生课程途径"，一般学习1年，其中，小学师资课程为38周并实习18周以上，中学师资课程为36周，至少实习24周，毕业后获得"教育学研究生毕业证书"和"教师资格身份"；三是"在职人员学习途径"，这是由英国"教师培训署"（ITA）组织的针对年满24周岁未接受过本科或研究生教育的中小学在职教师的"毕业生和注册教师课程"，其中，毕业生课程培训期为2年，注册教师课程培训期为1年，培训结业后可获教育学士学位，可以从事教育行业，获得教师资格。在英国，教师培训机构主要有大学教育学院、多科技术学院等，如果想从事教师这个职业，可以通过以上三个途径中的一种获取教师资格。

随着经济发展，对教师的要求不断提高，英国的教师资格证书制度也在不断发生变化，以适应新形势对教师资格的要求，不断更新，越来越规范。英国的教师任用十分严格,并不采用统一考试的形式,而要经过公开招募、报名、应考、第一次选考、第二次选考与有希望者见面决定任命这样一个选拔任用过程,制度十分严谨,这也在一定程度上保证了教师的质量。

3. 持续的教师专业化发展政策

目前,教师专业化已经在世界各国达成了共识。在这个基础上,许多国家开始推行新的教师教育政策,持续的教师专业化发展政策(CPD)把教师教育改革推向深层。以美国为例,在对职前和初任教师教育进行重大改革的基础上,美国在激励和支持教师的持续专业化发展方面形成了新的改革思路,采取了各种改革措施,如改善教师的工作环境、实行特许学校立法、创造激励教师学习的工作氛围等。

2001年3月,英国政府颁布了《教学和学习专业发展战略》的文件,作为改革教师专业发展的专门文件。该文件把促进教师的专业发展放到了改进学校办学成效的中心地位,显示出英国政府对促进教师持续的专业发展的重视。在这份文件中,政府决定主要采取以下几项措施来增强教师的专业能力:

第一,从资金上对教师专业发展给予充分的支持和保障。在2001年的前三个月中,政府投入了约10亿英镑用于支持教师的专业发展。[①]在此后三年内,英国政府还继续从四个方面增加资金投入以支持教师个体的专业发展,包括促进教师的国际交流,拓展"专业奖学金"计划,为优秀教师安排带薪休假等。

第二,对教师专业培训机构加以规范。目前,英国的教师培训机构形式众多,培训质量良莠不齐,很容易耽误需要学习和进修的教师,必须从各个方面加以规范,保证课程的质量。

第三,形成教师持续专业发展的网络体系。从2001年3月起,教育与就业部把有关教师专业发展的各种信息公布在网站上推广优秀经验,促进了资源共享。

第四,促进教师之间的相互学习和交流。不仅学生需要同伴学习,教师也需要。教师之间相互学习不仅能够形成良好的教育氛围,还能提升教师的专业技能,因此,英国政府鼓励所有的教师都要认识到这一点。

2002年,英国教师培训署颁发了新入职教师的标准与在职教师的训练标准,

---

① 祝怀新. 封闭与开放 教师教育政策研究[M]. 杭州:浙江教育出版社,2007.

以提升教师的专业水平保证教师质量。英国教育标准办公室还特别强调，英国教师准备的标准与教师专业化密切相关。英国对新入职教师的要求主要体现在几个方面，即教师的专业价值、实践知识、理解力、教学成效和对学生的评估能力。在专业价值方面，教师必须学会尊重学生的实际情况，包括他们的出身、种族、背景、文化度等，形成对学生的合理期望，发展学生积极的行为，使学生形成积极的人生价值观。在知识方面，教师应该具有扎实的学科基础知识和对学科知识的准确理解能力，能够深刻体会国家课程指南设置的普通课程的教学要求，意识到学生的身体和智力发展和情感等因素对学生的重要影响，知道如何促进学生形成良好的行为习惯。在教学方面，教师要通过在实践中摸索、向其他教师学习等，不断提高教学能力，提高教学质量。教师要掌握一定的教育学和心理学科知识，合理设计教学环境，激发学生的学习动机，考虑学生的多元需要。在对学生的评估方面，教师要善于发现学生在学习过程中存在的问题，给予学习或者生活受挫的学生以积极的帮助，充分挖掘学生的学习潜力，不断实现人生价值。

2004年9月，英国教育大臣宣布实施新的教师专业发展计划，改进国内统一的职业和专业标准，包括优秀教师、高级教师和高级技能教师等的标准，并且适当调整教师专业发展的特别项目。新上岗的教师必须通晓教育学和心理学等相关专业知识，了解学生的身心发展特征。

教师专业化已经成了一股世界潮流。鉴于教师职业的重要性，各国为了提高教育质量和培养高素质人才，在教师专业化发展和提升教师水平方面，都下了不少工夫。

二、德国教师专业化发展政策

德国在教师教育方面起步较早，在当今世界，教师教育制度较为完善和发达。从20世纪60年代初期师范教育改革开始，在德国基础教育阶段，教师都达到了大学教育的水平。在现代科学技术迅猛发展旨在提高基础教育质量的改革以及终身学习思潮出现和发展的背景下，社会对于教师的要求越来越朝着多样化、多规格化、多层次化和专业化的方向发展，德国高等师范学校人才培养的传统封闭性模式很快转变为综合大学人才培养的开放性模式，建立起了独具特色且行之有效的职前及在职教师教育培养专业化方针。

（一）以专业化为特征的职前教师教育

与一般的大学生不一样，德国准备当教师的大学生不仅需要在高校里学习相关学科知识，还需要学习相关教育基本理论学科；在完成高校学习之后，还需要到专门的教师培训机构进行为期约 2 年的专业培训，才有资格取得教师资格。大学生仅仅掌握了系统的学科知识并不意味着就能胜任教师的工作，只有经过完整师范教育的大学生才能走上教师岗位。其原因是在德国，教师已经被认为是一种需要有专业知识才可以从事的专门性职业。德国的教师教育非常注重教师的专业化。德国职前教师教育总体上划分为两个重要时期。

1. 学术性的大学教师教育阶段

大学开展学术教育的目的是使学生掌握教师应该掌握的学术基本知识，分为学科知识和教育理论知识两部分。另外，德国还开展了短期的学校见习。见习期各州长短不一，但一般准备担任初等教育（基础学校，1 年级至 4 年级）和第一阶段中等教育（5 年级至 10 年级）教师的学生，见习期限至少为 6 个学期（3 年），最长的达 8 个学期（4 年）；而打算在第二阶段中等教育中担任（11 年级至 13 年级）教师的学生，见习期限最少为 8 个学期，最长达 10~12 个学期，实行第一阶段中等教育，包括主体学校和实科中学。

从 20 世纪 70 年代起，为体现教育民主平等，德国部分州相继设立综合中学，这些学校多属于中等教育第一阶段，一般仍以三类中学（主体、实科和完全）的性质划分班级，其教师分别受相应教师教育。还有个别综合中学含有与第一阶段完全班衔接，11 年级至 13 年级的教师须受过第二阶段中等教育教师的教育。

在完成大学学术教育之后，想要成为教师的人必须参加国家的首次考试。受过完全中学或者综合中学教师教育的，还可以在主体学校、实科中学担任教师。

主要有两种类型：一是讲座，由学生自由选择听课或自学；二是研讨班，由学生参加，每一位同学都需要预习演讲。

教育类专业学生需要到学校进行教学见习，实习时间一般为第三学期，5 周的主要工作内容为带教教师指导听课和评课。实习临近结束时，学生可进行 10 分钟试讲，试讲没有硬性规定。带教教师是从各校单独挑选出来的，所以他们有双重身份，不仅是该校的教师（担负着教学任务的二分之一），还是大学教育的专业讲师，在教师教育过程中负责听课、评课指导和有关研讨。

2. 以实践性为特征的专业培训阶段

实习阶段目的是形成教师应有的实践能力。学生在通过第一次国家考试后，获得实习教师资格，并进入专业教师培训机构，学习有关理论，并进行实践，这种院校统称为"研修班"。该阶段的学习年限各州不一，最短为16个月，最长为两年半，一般为18个月。第一年是指导与试教阶段，从见习开始，4周后再在指导教师的指导下试教，一般上午见习或试教，下午研修班研讨，第二学期乃至第二年开始独立负责一个班级。在这段时间里，他们需要参加各种考试十余次。在第二年下半年，他们将集中精力为第二次国家考试做准备，在通过考试之后才能正式担任教师。

在这一阶段中，学生被称为"实习教师"。研修班指导教师主要有两种类型，一种是主动报考学科指导教师。因为学科指导教师的薪水较高，又可减少学校的教学负担，所以这一职位较受欢迎，也容易选择优秀的教师担任研修班的指导教师。另一种为学校带教教师。他们专门负责课堂教学指导工作，通常是实习教师到校后自行物色。指导教师最重要的工作就是要帮助实习教师将教学理论变成具体实践，还要了解一些有关的教育法规。研修班的理论学习与高校的学术性学习有所不同，更加注重学科教学方法。

研修阶段以在校见习和实习为主要内容，旨在让实习教师从心理上更快适应教学需要，摆脱初走上讲台时的紧张情绪。在执教期间，带教教师在旁督察，让实习教师既拥有独立发挥的时间又拥有正式有序的引导，让实习教师的能力经过不断的实践不断总结而逐渐形成，教学工作由陌生到熟悉，课时安排由轻到重，显现出一个循序渐进良性发展的过程。两年之后，第二次国家考试的本质就是评价实习教师书本理论联系实际运用能力。研修班培训在教育理论学习与实践教学之间起到了桥梁作用。

（二）德国教师的在职专业化发展

教师教育的目标是一个不断演变的过程，即从要求小学教师掌握低水平的知识，中学教师学习单一的学科知识，到要求小学教师具备较高的一般文化水平和教育理论知识与技能，中学教师具有一定的教育理论知识和教学技能。也就是说，随着社会的发展和科学知识的不断丰富，仅仅职前教育已不能满足社会对教师的要求，必须不断提升在职教师的专业素质。

自20世纪70年代以来，德国将教师在继续教育中的地位和作用提到一个前所未有的水平。1970年6月，德国联邦政府发布的教育政策报告《1970年教育报告》在充分认识教师继续教育必要性的基础上，指出在以后10年内应逐步加强教师继续教育工作，实现教师继续教育计划化、组织化、体系化和科学化。

2001年11月29日，德国联邦政府颁布了《教师论坛建议书》。其中，提出了提高师资专业素质是教育改革成败的关键所在，应加强教育学科专门学科及教育理论与实践经验的研究，对于师资培育进行适当整合，同时加强对于专业发展机制的研究，使之符合时代发展的需要。如果把大学学术教育第一阶段作为培养教师应有的学术基础能力，把实习教育第二阶段作为养成教师应有的实践能力，那么在职教师继续教育就可以作为教师教育第三阶段，旨在让在职教师在养成认识和承担教育革新能力的前提下，养成适应变化着的教育的情况。

当前，德国教师专业发展包括获得进修机会和专业生涯发展机会。德国在职教师的进修教育分为以下两种：

1. 在职进修（Fortbildung）

在职进修改进是指教师在下班后不离岗的训练。它的主旨是让教师了解关于教育科学和专业科学方面的新进展和新成就，拓展教师在教育工作中涉及的心理、社会、政治及其他知识，让教师重新认识自己在变化着的社会中所肩负的使命和作用。教师在参加这类在职进修时，一般由教育相关部门提供差旅费和住宿费，但是，这类进修一般不涉及晋级加薪的问题。

在德国，政府和各种教育团体经常举办这种在职教育，教师多利用课余时间，即在周末或下午晚上参加。另外，这类在职进修还有由大学和教育学院组织的"实习教师研修班""学科进修班"，以及由教师进修中心组织的为期1周或2~3周的集训或进修活动。各学校一律把参加进修的教师作为公派处理。

2. 留职带薪进修（Weiterbildung）

留职带薪是指教师经校方允许临时离岗至师资培训机构受训，取得另一等级及以上资质。新取得的资质有：其他科目从教资质，其他学校种类从教资质，校内升学辅导员、心理辅导员、科目指导员任职资质，实习教师研修班从教资质，校长督学聘任资质。如果教师继续深造取得资质，则可晋级或者加薪。一般来说，在德国，文理中学的教师分级比较细，晋升机会比较多，基础学校、初级中学和实科中学的教师没有高级教师级别，一般成绩好的有望担任副校长或者校长职务。但是，因为这种训练需要离职，所以通常校方并没有太多意愿给教师这种机会，除非他们已经决定晋升某一位老师。

为了取得新的资格，继续教育可分为：到大学或者学院补学分；在师范学院、综合大学进行接触式进修，也就是边工作边隔三岔五地去高校进修；在函授教育中，诸如数学、生物、物理和化学等科目，在职教师可通过广播和电视寄送讲义，在4个学期内完成学习任务，然后再进行笔试，合格后即可取得多个科目的任教资格。

（三）德国教师教育政策的特征分析

1. 职前教师教育在阶段上的双重性和课程内容上的二元性

德国职前教师教育在其发展过程中，有两个时期渗透着理论密切联系实际的理念。一方面，在这两个阶段安排理论和实践；另一方面，这两个阶段各有重点，前者强调理论，而后者强调实践。就教育目标而言，各教育阶段目标侧重点有所不同。第一阶段的目的是通过高校中的学术教育使受训者熟练地掌握开展教学与教育所需的重要理论基础和学术研究成果，从而奠定从事教师这一专业的扎实学术基础。第二阶段让受训者了解学术实践和教学实践的状况和问题，培养受训者独立从事教学和教育的能力。

双重性和课程内容二元性的培养模式，历来被人们诟病为"先无实践之论，再无理论之行"。对此，德国教育界不断进行改革讨论。曾经有学者提出了"单一阶段的培训模式"，即将某一阶段内的课程划分为三大类，分别是教育与社会科学类课程、专业学科类课程和教学法类课程——职业实践类课程，这三大类课程并驾齐驱，并没有再分别安排见习阶段，但是由于各种原因，该模式并没有得到普及。反之，两阶段模式得到了进一步加强，并成为德国教师职前培养的一种基本模式。

2. 建立严格的教师选拔制度，确保教师队伍的高素质

教育类学生入学资格和普通大学生入学资格一样，也就是获得高中文凭（Abitur）即可申请，但是，总体来说，比普通大学生入学来得更加谨慎。有的州觉得大学入学资格不充分，也规定报考的学生的高中成绩要中等偏上。有的州规定报考的学生必须通过性向测试或者在进校前到学校实习一定的时间，以此判断其是否符合教师的工作条件。

正式担任教师前须经过2次国家考试，只有经过了2次考试的见习教师才可以受聘为正式教师。初任教师试用期3年，地方教育局督学、校长考核合格者，获得国家公务员永久资格。另外，教师必须接受定期（4～6年一次）评价，初任教师应在3年试用期结束后接受评价。但是，德国教师有公务员资格，就算考核不及格也不能轻易被淘汰掉，这是德国教师教育的主要弊端。

3. 开设教育技能课，全面提高教师素质

一名优秀的教师仅能传授某一门课程的基本知识和技能是远远不够的，必须具备较深的教育技能才能与学生成为和谐的整体并切实促进学生的全面发展。为此，德国教师教育在课程上开设了教学技能课，该课程涉及学校和课堂教学之间的关系、学生之间个别差异产生的原因以及因材施教语言交流存在的问题。例如，学习环境班级作业、小组作业、个体作业、教学材料选择和编制、表达技巧、评估方法等。本课程通常从第二学期开始，前两年作为必修课，第三年作为教学单元设置选修课来适应不同需求。

4. 重视教师的在职专业发展，确保教师适应社会发展

在职教育旨在让教师能够平稳地适应教育教学剧烈变动的各种状况，承担教育改革和革新的任务。德国各邦在职进修的发展状况不尽相同，在职培训已经成为各邦的法定义务。在德国，教师在结束职前教师教育、取得教师资格、踏上教育岗位之后，仍然要深造和维持专业发展。

各相关部门会积极主动地对教师客观进修需求和主观进修要求进行调查研究，并以此为基础开设课程。客观进修要求是指为配合教学计划修改和新教育政策要求而向相关教师提供进修培训。主观进修要求，就是教师觉得有必要更新知识、改进教学方法，因而要求进修培训学院除将教育发展最新动向及时向教师传

达外，还要经常向广大一线教师发放调查问卷，以了解他们所需培训、课程设置情况。相关部门通常会提前一年制定计划，向各相关学校分发培训计划。

在教师培养形式上，德国采取逐级培养网络模式。教师在职进修，在纵向方面，采用州一级、行政区一级、县一级的方法。第一级的要求普遍较高，时间相对集中，采用短期脱产或者半脱产的培训方式。地区培训学校属第二级，一般为1周脱产学习1天；县办培训中心属第三级，一般都在下午进行。在横向方面，采用更具特色的逐级培训网络模式。例如，巴伐利亚州州立教师进修和人才培训学院就会与该州文化部和慕尼黑教科所一起，针对社会发展科学技术发展的客观要求以及教师自我发展的主观要求，制订教师进修计划。该学院选派在专业能力强、善于沟通、参加培训活动积极性高的教师担任基层培训人员，以基层培训人员为中心，再让其分散到各个下属单位对其他教师进行培训。培训以实践为主，重视教师交流活动。

德国教师的在职进修在很久以来一直都是主动行为，由教师自行决定，这样就会造成一些麻烦。尽管德国政府十分重视在职教师教育，提供了卓有成效的教育机会，但由于德国教师一直短缺，在职教师的工作负担很重，往往就忽略了进修提高。德国正在探讨和研究把教师在职培训写进有关规定中，让在职教师接受再教育变成强制性要求。

三、瑞典的专业化教师教育政策

瑞典的教育水准很高。一方面，在终身学习思想的影响下，瑞典逐步形成了学习型社会，教师要求越来越朝着多样化、多规格化、多层次化和专业化方向发展；另一方面，尽管瑞典教育经费在家财政收入中所占比重较大，但是，教育质量并不能与国家资金投入成比例，毫无疑问，这和瑞典师资短缺质量下降有关。为缓解师资短缺的矛盾，建设高素质教师队伍，瑞典教育与科学部出台了相关的教师教育新政策。

（一）新教师教育政策出台的背景

1. 师资不足，年龄结构不合理

斯德哥尔摩教育行政管理部门开展的一项调查显示，在新学期开始时，斯德哥尔摩有数百个中小学教师岗位出现空缺，部分学校只能雇佣未取得教师证书人员上岗任教。

瑞典师资不足最直接的原因之一就是教师结构不尽合理。据统计，瑞典的小学教师的平均年龄较大。但是，瑞典政府并将没有采取适当措施来鼓励新人进入教师队伍，在一大批中小学教师退休后，新教师缺乏的问题更为严重。

2. 师资质量下降导致教育质量下降

尽管瑞典的教师绝大部分都受过正规师资培训，但是，也有一部分没有受过正规培训。该部分教师虽然有一定专业知识，但因没有进行过正规的专业培训，致使其在开展教学活动时，教学质量无法得到保障。

3. 终身学习思潮对传统的教师教育提出了挑战

终身学习思想在全球范围内出现并广泛流行，世界各国都逐步过渡到学习型社会，瑞典也不例外。人不只是靠学校学知识，也要靠社会各单位以多种方式、多种途径学习。由此，教师的工作方式及其与学生之间的关系随之发生着深刻的改变，而这些改变非但没有影响教师这一职业，反而使教师在学习型社会以及终身教育体系下更加彰显出其特角色。伴随着教师角色的变化，人们对教师的素质有了更高的要求。为了学生学习的可持续发展，以及使学生能够做到终身学习，教师需成为终身学习的示范者和实践者。在此背景下，传统的教师教育正遭受着空前的打击，教师教育走向终身化已是一种必然的趋势。

（二）新教师教育政策的内容

1997 年 4 月，由瑞典国会任命的一个评估委员会对现有的教师教育制度是否适应当前社会的变革进行了评估，并在其提交的最终评估报告中建议实施新的教师教育制度。瑞典教育与科学部于 2000 年 5 月 25 日参照该报告中的建议向国会递交了政府法案，经国会讨论通过，瑞典政府的法案获得批准，决定到 2001 年 6 月 1 日正式执行教师教育新政策。

教育与科学部新教师教育政策提出，教师教育最基本的目标就是强化综合大学与师范院校之间的衔接，将教师职前教育与在职培训充分融入整个教师职业生涯，整合职前和在职教师教育，建立教师终身学习体系。

1. 新教学学位证书

瑞典政府于1993年改革学位制度，使其能够和其他发达国家学位趋同，并清理整顿各院校发放的专业证书，归并相关证书、缩减证书种类。但是，与中小学师资培训有关的证书仍有十几种。例如，儿童和青少年教育证书（120学分）、中小学教育证书（140学分）和高中教育证书（40学分、180学分和200学分不等）。为此，政府在新的教育法案中建议实行新型教学学位制，以8个教学学位替代原来的11个教学学位。在新教学学位制规定中，学生须修满120~220学分才能取得此学位。

从课程设置来看，这一新型的教学学位制突破了传统教师教育课程设置体系的束缚，即将最初包含专业课程学习、方法论教学（教育科学）与实习转变为普通教育学学科专业课程与专业化教育课程。

（1）普通教育学（60学分，含10学分的学校实习）

瑞典将普通教育学列为基础学科并规定教育类的学生必须必修。本课程由两个部分组成，一个部分是社会化与发展，教与学的特殊需要教育，信息与通信技术及适应瑞典社会与学校的一般国家价值观知识等共同基础知识；还有一个部分是交叉学科知识。普通教育学是一切师资培训不可缺少的组成部分，也是教育类专业学生所必须具备的基础知识。普通教育学是教育类专业学生公共课的一部分，包含了教育科学以及教学方法与学科学习各方面的内容，有利于教师专业化发展。

（2）学科专业课程（至少40学分含10学分的学校实习）

为提高教育类学生的知识面和其综合素质，加强其社会适应能力，瑞典对学科专业课程实行主辅修制。甚至针对同一门课程，教育类学生需要到中学或者小学授课，并且，在阅读过程中需要修读不同学分的课程。以数学为例，今后要教1年级至5年级数学和6年级至9年级数学的学生所修学分是相同的，都是40学分；但是，如果学生想成为一名中学高年级的数学教师，就必须修满60学分；既要教数学，又要教计算机科学的学生必须修满80学分；要教数学和物理学的学生必须修满100学分；要教数学和化学的学生必须修满120学分。

（3）专业课（至少20学分）

设置专业课的目的是对教育类学生的原有知识进行深化拓宽和补充，为学生获取新知识提供新的途径。这门课程同时还要列入不断发展的职教师专业化的方案中，并鼓励各高校或研究所增加各种专业化课程。

瑞典的新教师教育政策规定教育类学生必须至少修完120学分并掌握基本的研究性学习能力，才能获得新教学学位。同时，到各级各类学校任教的学生修的学分是不一样的。例如，到学前学校义务学校低年级或学龄儿童看护中心任教的学生必须修完140学分；到小学高年级和中学任教的学生必须修完180学分；到高级中学和中等职业学校任教的学生必须修完140学分，其中，学科专业课程60学分；如果学生要任教两门学科，则根据情况增加学科专业课程20~60学分不等；到小学与中学教瑞典语和公民课的学生必须分别修完160学分，其中，学科专业课程分别为60学分和80学分。

2. 开展科研和研究生学习计划

1977年，瑞典高等教育改革将斯德哥尔摩教育学院以外的师范院校全部并入大学或学院中，其主要目的是增强教育类学生的科研能力。

瑞典的次教师教育改革——"科研与研究生计划"要求教育类学生在本科毕业时都有选择科研方向或者读研究生的权利，只需修满所需学分即可取得硕士文凭。政策规定，凡开办教师教育的高校、学院都要开展科研活动，制定与教师教育相关的博士生计划，通过再分配资金等方式增加教师教育科研资金投入。此外，瑞典科学协会还专门设立了一个教师教育科研基金会——教育科学委员会，该委员会专门为大学和学院开展教师教育科研活动提供拨款，同时在全国建立两个教师教育研究生院。

3. 实施信息与通信技术计划（ICT）

1998年，瑞典颁布的《春季预算法案》规定，从1999年到2001年，瑞典政府要拨款1.5万亿瑞典克朗用于研发学校中的信息与传播技术。瑞典政府向国会递交了《学习的工具—全国学校信息与通信技术计划》的报告并获得通过。该报告所计划的拨款额度是瑞典政府有史以来对学校教育的最大一次投入，目的是通过政府在有限时间内对学校信息与传播技术的投入，为加快信息与传播技术在教育中的长远发展打下基础。①

---

① 邵燕楠.瑞典《学习的工具——全国中小学信息交流技术计划》管见[J].外国教育研究，2002（06）：18-22.

瑞典把教师视为任何一项教育改革的首要力量。信息和传播技术只有通过掌握信息和传播技术的教师将其应用于教育之中，才有可能使信息和传播技术真正实现教育功能，从而促进学校教育发生变革。对此，《学习的工具—全国学校信息与通信技术计划》着重指出，培养教师是提高教育质量和效率的关键。根据《学习的工具—全国学校信息与通信技术计划》的要求在之后的3年中要对6万名教师进行在职培训，几乎占瑞典各级各类中小学教师人数的一半以上。

《学习的工具—全国学校信息与通信技术计划》对师资培训课程，培养目标和培训方式进行了明确的规定，课程是由瑞典全国中小学信息与传播技术委员会制定的。《学习的工具—全国学校信息与通信技术计划》旨在让教师意识到信息与传播技术作为一种教学辅助手段，其重要性以及其在社会各领域的运用。

该《学习的工具—全国学校信息与通信技术计划》指出将教师的培训分两个环节。一是对计算机的认识与理解，二是学会将计算机应用于学校的日常教学和管理之中。培训是以小组合作的学习方式进行的，教师不会进行脱产培训，而是将培训纳入平时教学工作之中。训练由理论和实践两大部分组成。实践部分训练是在平时教学时间里，教师和学生一起完成；教师在工作之余，进行理论部分训练。在职培训通常在4个月内完成，实际培训时间与全日制培训的三周基本持平。在受训结束后，教师可以取得瑞典政府授予的教师信息和传播技术教学资格证书。

（三）教师教育政策特征分析

1. 提高"准教师"的专业水平

教师专业化发展已经成为新世纪教师教育改革的潮流。教师培养要走专业化道路，必须有专业化的培养方法和培养模式。教师的职前培养是教师专业化的起点，教师职前培养的专业化水平对于教师专业化建设至关重要。瑞典政府出台的新教师教育政策对教育类的学位大量精简，只保留了公民高中教育学位、航空教育学位，特殊教育学位，将剩余的8种学位合并为一种；更新了教师教育教材内容，统一课程，要求所有的教育类学生必须完成一年半的统一基础课程；同时增强教育类学生培养方式的灵活性，就不同层次学生的培养做了明确规定。这些改革有利于瑞典教师教育改革向专业化方向发展，保证了准教师的质量。

2. 加强对教师在职培训的经费投入，提高教师素质

1991 年至 1992 年，全瑞典市一级教育委员会在在职培训方面所花去的经费共达 4.7 亿瑞典克朗。1994 年至 1995 年，瑞典国家教育局得了 1.28 亿瑞典克朗的经费，用于教师培训和推广义务教育等。[①] 瑞典政府在出台的新教师教育政策中重申了教师在职培训的重要性，并准备继续追加瑞典克朗，用于对不合格的中小学教师进行在职培训，帮助他们掌握先进的教育学、心理学和社会学等理论知识，以及现代化的教学手段，从而提高他们的综合教育能力。

3. 积极采取措施，改善教师待遇

瑞典政府一方面要求地方政府千方百计地提高教师工资，为教师提供更好的生活工作条件；另一方面也加大了对教师的直接拨款。例如，斯德哥尔摩市就从设立的专项基金中拨款 2400 万瑞典克朗（占基金总额的 60%）来提高教师待遇。因为该市的教师总数占瑞典全国教师从业人数的 10% 以上，所以斯德哥尔摩市的行动起到了良好的示范效应，有利于稳定教师的工作情绪，提高教师的工作积极性。

4. 实行双专业制，有效缓解师资短缺问题

瑞典中小学教师要在大学或教育学院接受职前培训期间，选修主副两门学科专业课程，从而拥有一专多能，在毕业后具备教授两门以上课程的能力，这对师范生就业和学校用人十分有利。最近斯德哥尔摩大学校长和斯德哥尔摩教育学院院长联合提出了一项新的师资培训计划，即两校联合设立一个中小学师资培训专业，采用学分制。学生分别在两校选修课程包括中小学教学法等课程，在修满 180 学分后，可同时获得斯德哥尔摩大学哲学硕士学位和斯德哥尔摩教育学院教育学硕士学位。设立双学位给学生提供了更多的就业机会，解决了学生在选择专业时专业限制过于狭窄的问题；同时，缓解了斯德哥尔摩地区中小学师资匮乏的状况。

四、日本的教师专业化政策

进入 20 世纪 90 年代以后，面对新世纪对教师的新要求，参考世界上其他国

[①] 祝怀新. 封闭与开放 教师教育政策研究 [M]. 杭州：浙江教育出版社，2007.

家教师教育改革的经验，日本开始重新思考教师培养工作。1996年7月，日本教育职员养成审议会接受日本文部科学者大臣的咨询时就师资培养课程的改善及相关事项进行了审议，并于1997年7月发表了第一次审议报告《面向新时代的师资培养的改善方策》。该报告体现了把教师这个职业作为一种"专业化"的职业来发展的趋向，表明日本在教师专业化教育方面迈开了新的步伐。

（一）在职教师的专业化

1. 教育硕士课程计划

1998年6月，日本教育职员养成审议会研究生院等特别委员会进行了专门讨论后终于达成了共识，即要"尽可能多地为在职教师提供接受硕士水平教育的机会"。1998年10月，日本教育职员养成审议会发表了题为《积极活用硕士课程培养教师——推进现职教育的再教育》的第二次报告即通过了实施硕士课程来推进教师的在职进修计划，并且认为这种在解决实际问题的过程中形成的实践性知识就是教师专业化发展的途径之一。培养"具有业务专长和丰富个性的教师"成为日本教师教育发展的新目标。这个新目标要求教师在具备"任何时代的教师都应具备的一般素质"的前提下，还要具备适应时代发展变化的特殊素质。

为了提高在职教师的专业化水平，日本主要采取了以下几个措施：

第一，进一步扩大在学人员的数量，为更多的在职教师提供接触最新学术成果、振奋精神、开阔视野的机会。同时，硕士课程的修业年限弹性化，开设以在职教师为对象的一年制课程。

第二，为在职教师提供一边从事校务，一边接受硕士水平教育的机会，在必要的时候利用晚间、周末长期休假期间进行学习，为偏远地区的教师提供接受硕士水平教育的机会。

第三，充实硕士课程中教育研究的内容。大学有着自己的教育研究特色，在对教师进行在职培训时，可以充分利用自己的研究特色，内容要与在职教师的需要相适应。

为了进一步促进在职教师教育水平的提高，1998年，日本教育职员养成审议会提出了"研究生院重点化"的问题，强调硕士课程的设置以培养进修为中心，一方面加强针对教师职业的硕士课程的作用；另一方面从培养研究者向培养高度的专业化职业人转变，这是日本教师教育在理念和实践上的一个重要变化。同时，教育职员养成审议会提出了"硕士课程开放制"的建议，即扩大普通大学硕士课程的培养进修范围，提供多种需要的进修内容，为培养多样化个性化的教师提供硕士课程基础。但是，研究生院仅仅强调了"在职教育"而对如何加强职前硕士课程，尤其是要向高度专业化职业人培养方向转化在课程方面应该采取何种对策的问题基本没有提到。这一问题，即开展硕课程计划"多样性"研究，是日本文部科学省提出的主要研究课题之一。实施硕士课程不仅仅是要提高教师的学历水平，更重要的是让教师学习到以行动研究为核心的研修课程，引导教师综合多种学科的见解和知识，在教学实践过程中运用各种知识和经验不断反思，这是新世纪对教师素质的重要要求。

2. 在职教师的研修计划

日本的教师研修就是对在职教师的继续教育，以提高教育工作的质量效率为目的。研修体制是按照《教育公务员特例法》制定的，该法规定由都道府县制订研修计划，设置设施，实施研修和开展奖励援助活动。日本文部科学省除了独立实施中央研修讲座和教师海外派遣事务外，还对地方财政措施初任者研修期研修所必要的教师定员措施做决策，同时，对教育委员会实施的各种研修事业进行补助，为教师研修创设各种条件。在职教师的研修按不同的标准进行，研修标准从不同角度有多种分类方法，根据研修场所可分为校内研修和校外研修两种。校内研修是指在教师就职的学校内的研修，校外研修是指在教师就职的学校之外的研修。

日本政府大力提倡教师的在职研修，主要是想达到以下几个目标：培养教师对教学实践的指导能力，养成教师应具有的使命感和责任心，学习广泛的知识与见解。可见，初任教师研修制度强调以初任教师工作的自觉性与其对本职业的理解作为进入教学活动并发展教学的基础。教师进行研修的领域主要分为基础素养、班级经营、学科指导、道德、特别活动和学生指导等六个。

日本政府对在职教师的研修从各个方面给予了支援。比如，对刚入职的教师的研修支持措施是规定初任者在初任期 1 年内每周要有 2 天校内研修和 1 天校外研修；学校要适当减轻初任教师研修期间的教学工作量，对于初任教师在校外研修期间的工作要有人对接，对初任教师的校外研修和住宿研修给予补助。

（二）职前—职后教育一体化

伴随着世界教师教育专业化体系的形成，日本逐步形成了"教师培养""考试录用""在职进修""教师评价"一体化的完整的教师教育体系。

20世纪末，日本文部科学者大臣就"关于面向21世纪教师培养改革的方针策略"问题向日本教育职员养成审议会提出咨询。受文部科学者大臣的委托，审议会分别于1997年、1998年和1999年通过了《关于新时期教师职前培养的改善方案》《充分发挥师资培养中的硕士研究生课程的作用》《职前培养、职后培养一体化》的审议报告，明确规定了教师的专业素质和能力标准，完善了教师教育体系，极大地推进了日本教师专业化的进程。

日本的教师在职进修主要分为三个方面：一是校外进修，以满足教师学历和个性化需求；二是校内进修，主要倡导教师之间的合作精神；三是教师自我进修，作为一种提高教师资质的做法，被认为是今后学习型社会的发展趋向。对于教师自主研究的热情，学校和教育行政部门要给予奖励，并逐渐完善支援体制，尤其是对新任教师的进修更应该给予大力支持。

1999年，日本教育职员养成审议会进一步提出"大学与地方教育委员会"的合作计划，将合作范围扩大到培养录用和进修等方面，使教师教育范围从单一的"职前培养"到综合的"前教育""试用期培养""在职教育及培训"。对于大学而言，合作计划的目的是通过扩展教师教育的纵向研究，以更多地关注教师的录用和进修问题，提供更有效和具有应用价值的教师培养或培训计划，确实体现出为地方教育服务的精神。大学和地方教育委员会合作进行教师的培养录用和进修，这类似于英国实施的大学与地方中小学校等教育机构合作的师资培养模式。学生一方面在高等学府学习未来任教学科的专业知识和教育理论知识，另一方面能够深入教学一线，这样培养出来的教师入职时具有较强的能力和自信心，极大地缩短了教师的适应期，是促进教师专业化发展的一个有力尝试。

(三) 教师资格证书制度

日本是较早实行教师资格证书制度的国家，也是教师进修体系比较完善的国家。自 1949 年公布《教育职员许可法》以来，日本国会不断对该法令进行修改和完善，该法令在日本的教师建设中发挥着重要的作用。现行教师资格证书制度是根据《教育职员许可法》，对具有大学学士等基本资格并修满大学的教职课程所必需的学分的人员授予终身有效的教师资格证书的制度。

日本的《教育职员许可法》规定，教师只有具备规定的资格并取得教师许可证，才可以被聘上岗。为了达到这一要求，法律对未来教师的课程设置、实习和参与社会调查等做了详细规定。在日本现行教师资格制度中，取得教师资格证书只需具备两个条件：具有学士学位等基本资格以及修满教职课程所需的学分，而且现行的教师资格证书是终身有效的。

日本教师资格证书的授予虽有比较严格的规定，但却是比较开放的，针对的对象比较广泛。这是因为日本"开放制"的教师培养制度主要遵循两大原则：一是由大学承担培养教师的责任。为了保证和提高教师素质，确保教育工作的专业性和高质量完成大学教育课程是从事教师工作的一个必要条件。二是教师资格证书授予的开放制。凡在设有教师培养专业课程的大学完成了学业，取得了规定的修读课程数量的学生，不论是否是师范专业学生，都可以平等地通过考试获得教师资格证。

在日本，成为中小学教师必须持有相应的小学、初中或高中教师许可证。教师许可证是由都道府县的教育委员会授予的，在资格授予方面有着严格的规定。授予的对象必须是在文部大臣所承认的大学修满一定学分的毕业生。获得专修许可证的基本资格是硕士毕业，获得一类许可证的基本资格是本科毕业，获得二类许可证的基本资格是大专毕业。教师培养是在开设了由文部大臣确认的师范课程的一般大学或师范大学里进行的。

日本在推进教师专业化方面不断进行着探索和尝试，如教师更新制度。日本的教育决策者认为今后的教师必须具备以下综合素质和能力：第一，以世界为行为出发点的素质和能力，包括对地球、国家和人类等概念的正确认识，丰富的人性，国际社会所必需的基本素质和能力；第二，具备适应社会变化所需的素质和能力，包括问题解决能力，协调人际关系方面的素质和能力，适应社会变化所需的知识和技能；第三，具备作为教育工作者所不可缺少的素质和能力，如对幼儿以及儿童教育理念的正确理解，对教师职业的热爱以及自豪感和自我认同感，进行学科指导时所需要的知识技能和心态等。鉴于以上认识，2004年8月，日本文部科学大臣提议改善师资策略制度，并于2004年10月26日向中央教育审议会就教师资格更新制进行了咨询。2005年，教师工作小组就教师资格制度的改革，特别是更新制的导入问题展开了多次讨论，并于2005年8月5日提交了审议经过报告。2005年10月21日，日本教养部对教师教育提出了改革方向和具体改革方案，确定导入教师资格更新制这一制度，有望得到全面实施和推广。

新的导入更新制相对于以前的教师资格证书制度最主要的区别在于两个方面，一是修满教职课程学分后，根据国家规定的教师适合性基本准则，各大学教职课程委员会给予评定。如果评定不适合，就将不再授予教师资格证书。二是取得教师资格证书后，每10年，教师有义务接受一定的听课学习，然后由教育委员会对其进行评定，如果没能更新进步，教师资格证书就会失效。

教师资格证书在授予后10年内有效，然后进行第一次更新。在第一次更新时，要求在有效期限到前1~2年内接受20~30课时的资格更新讲习。资格更新讲习有以大学为主体开设的讲习，也有在大学参与或与大学合作的前提下，由教育委员会开设的讲习。这些讲习都要得到日本文部科学大臣的认可。根据教师在有效期限内所接受、完成的指定资格更新讲习，决定是否给予更新教师资格证书，如无法达到更新条件，教师资格证书失效。但是，如果接受完成了资格更新讲习，即使教师资格证书已失效，那么也可以申请重新授予。教师资格证书在第一次更新后，有10年有效期，然后进行第二次更新，即每隔10年更新一次。

除教师资格证书的有效期限外，更新制还涉及更新的条件资格、教师资格证书的失效、教师资格证书的再授予、不同种类的教师资格证书的更新处理、对拥有多种教师资格证书的人员的更新办法、对现持有教师资格证书的人包括在职教师的更新处理等，但许多细节问题有待进一步讨论决定。

日本教师的社会地位、经济地位都比较高，因此教师是令人向往的职业，这就保证了教师职业有充足、优秀的人才来源。教师许可制度与教师培养制度的实行，使教师这个教育人、培养人的特殊职业，从专业人才培养开始就有了规范的要求，同时，又严格把住教师入门关，保证拔尖且适合从事教育的人才能加入教师队伍中来。

第四章 教师教育课程设置探究

教师教育课程制度决定了教师教育课程的目标、结构和内容，直接影响着教师教育的质量。教师专业化发展，有赖于深化教师教育机构改革，尤其是师范院校的课程改革，提高教师的专业素养和适应能力。本章主要对教师教育课程设置探究进行介绍，从两个方面进行阐述，分别是发达国家的教师教育课程设置和我国的教师教育课程设置。

第一节 发达国家的教师教育课程设置

课程发展是众多因素相互作用的结果。各种因素经常整体地发挥作用，难分彼此。在课程发展初期，或许外部因素大体能够直接决定课程，但是，到了今天，这些外部因素越来越依赖课程的内部因素来发挥作用。如何将外部因素的影响力转化成内部因素的影响力，如何充分把握这些内部因素的作用力，使之发挥积极的促进作用，值得我们进一步思考。研究发达国家教师教育课程对我国教师教育课程的开设具有重要的借鉴价值。

一、美国的教师教育课程

美国各地的教师教育课程是多样化的，美国的一些全国性的教师教育组织，如全国教师教育鉴定委员会、全国教学专业标准委员会等，对教师教育课程标准和内容等具有重要的影响。美国的教师教育课程虽然没有统一规定，但是，各个大学的教师教育课程在内容上有许多相同之处。

（一）美国教师教育课程结构

根据美国教师教育鉴定委员会认可的标准，美国教师教育课程的主要内容由三部分构成：普通文化教育课程、学科专业教育课程和教师教育专业课程。

1. 普通文化教育课程

普通文化教育课程是指为美国大学生提供基础性的文理知识，各个大学的普通文化教育差异不大，主要包括人文学科、社会学科、自然学科和数学基础等课程，为学生进行主修和辅修打下基础。普通教育课程在大学的前两年完成，学时占整个大学学时的 50% 左右。美国的大学生在前两年不分专业，主要是学习普通文化教育课程，同时兼修学科专业教育。

2. 学科专业教育课程

学科专业教育课程与学生将来所要从事教学的学科相关。如果学生将来要做数学教师，那么在学科专业方面就要选修数学专业的相关课程；如果学生将来从事物理教学工作，那么在学科专业方面就要选修物理学科方面相关课程。对一个未来教师来讲，掌握学科专业知识是教师教育的重要组成部分。

3. 教师教育专业课程

与其他专业的学生不一样，一个学生如果选择教师教育专业，那么除了要学习普通的文化课程和学科专业课程，还要修读教师教育专业课程。教师教育专业课程是教师专业化的根本标志。教师教育专业课程的主要内容有：一是教育基本理论课程，主要包括教育哲学、教育史、教育心理学和教育社会学、教学论等；二是教学法课程，主要包括教学方法及策略课程设计与开发等；三是教学实践，主要包括教育实习。

（二）美国教师教育课程模式

普通文化教育课程、学科专业教育课程和教师教育专业课程，可以有多种组合形式。一般来说，美国的职前教师教育课程有四年制课程和五年制课程。四年制课程属于本科，主要是为主修教师教育专业或副修教师教育专业的学生设置的。五年制课程是为四年制其他专业本科毕业取得学士学位后再学习一年教师教育专业课程而设计的，毕业后获得教育硕士学位。课程模式大致上有以下四种类型：

第一，学生在进入大学后立即确定把教师教育作为主修或辅修，普通文化教育课程在前两年完成，后两年主要是学习学科专业课程，而教师教育专业课程在四年中一直开设，只是第一学年开设的教师教育课程少一些。随着年级的升高，教师教育学时数不断增加。

第二，学生进入大学后，到第二年才把教师教育课程作为主修专业。普通文化教育课程还是在前两年完成，后两年主要是学科专业课程，教师教育专业课程分散在后三年完成。

第三，学生在本科四年主要是学习其他专业的知识，在获得学士学位后，如果愿意选修教师教育专业，则可以到教育学院进修一年的教师教育专业课程，在毕业后获得教育硕士学位。

第四，五年制教育硕士。在五年中，三类课程并行。学生在毕业后获得教育硕士学位。[①]

（三）美国教师教育专业种类

美国教师教育专业依次分为本科水平的教师教育专业、学士后教育证书专业、硕士研究生教育专业和博士研究生教育专业。本科水平的教师教育专业包括初等教育专业和中等教育专业。本科水平的教师教育专业课程是由以上所提到的普通文化课程、学科专业课程和教师教育专业课程三部分组成。本科一般都要修满120学分。初等教育专业不分科，培养的教师在小学任职后可以教多个学科；中等教育专业则为分科教学，培养的学生将来需要教两门左右的课程，要进行主修和辅修。因此，两个专业设计的三类课程所占的比重是不一样的。

1. **本科层次的教师教育专业**

以佛蒙特大学教育与社会服务学院教师教育系的课程设置为例，该校设置的专业有初等教育专业、中等教育专业和学士后教育证书专业。

主修初等教育专业的学生在4年中应获得127学分，包括必修课程和选修课程。学生在入学后的前两年是学习普通教育课程，在第一年和第二年修三门教育类课程，即社会与学校、学生与学习、教师与教学等，从第三年开始加强教师教育专业课程的学习。

---

① 黄崴.教师教育体制国际比较研究[M].广州：广东高等教育出版社，2002.

在中等教育专业注册的学生，应当确定主修和辅修专业。主修专业包括生物学、化学、地理、数学、物理、英语、法学、德语、拉丁语、西班牙语和历史。副修专业包括计算机科学、心理学人类学、经济学、政治学、宗教、社会学、俄语、卫生教育、表演艺术和所有主修专业中所列的学科。学生必须修满127学分才能取得学士学位。除了初等教育专业和中等教育专业之外，教育主修专业还有幼儿期与学前教育专业，人类发展与家庭研究专业、卫生教育专业、体育专业、艺术教育专业、音乐教育专业、农业与资源教育专业、家政教育专业、工艺与技术教育专业、贸易与工业教育专业等。主修专业与普通教育课程和学科专业课程有不同的要求。学士后教育证书专业（五年制师范教育课程）招收已经获得学士学位、准备当教师的学生，用1年的时间对学生进行教师教育专业训练。

以上说明，美国的教师教育专业既有较为一致的要求，也有特殊的要求，重视主修和辅修、必修与选修的协调关系，重视学习者的个性发展要求。

2. 硕士研究生阶段的教师教育

随着美国基础教育的发展和高等教育的大众化，基础教育对师资的质量提出了更高要求。美国不少的州要求中学教师需要具有硕士学位。美国在20世纪70年代实施教育硕士计划，教育硕士专业主要面向的是非教师教育专业的本科毕业生，他们经过1~2年的教育专业的培养即可以获得硕士学位。教育硕士课程计划由两部分构成：一是20~26学分的主修科目，主要是指教师教育专业课程；二是6~12学分的辅修科目，集中于学生以后所任教的学科领域。该阶段的教师教育分为小学教育专业和中学教育专业等。

3. 博士研究生阶段的教师教育

博士研究生阶段的教师教育主要是培养适应教育实践需要的各级各类教育咨询和领导人员。其招生对象是有一定的教育工作经验的硕士学位获得者。其学习年限为2~3年。学生在修满学分并通过论文答辩后，可以获得教育博士学位。

4. 教师继续教育课程

在职教师进修主要是由学区开展的，形式多种多样，主要有以下几方面：

（1）教师培训日

各州一般都要求地方学区根据本地的情况定期开展在职教师的进修活动。有些州的学区安排某一天为培训日，在培训日当天，全体学生放假，教师以学校或学区为单位开展教学研讨或工作坊。培训日一般每月一天。

（2）选修课程

地方学区根据州的规定，要求教师在取得教师证书以后，定期到大学正式注册选修教师教育课程，地方学区提供经费支持，教师在学习期间，其待遇不受影响。

（3）修读学位

在职教师可以到大学攻读有关的学位。美国的大学入学没有年龄限制，任何一个人在任何时候都可以到大学修读学位。

（4）暑期学校

美国中小学教师一般实行9个月工资制，在暑期3个月没有工资。20世纪80年代后，美国各地为提高教师质量，鼓励教师参加暑期学校进修。如果多加进修，教师既可以领取工资，又可以由所在州或学区报销学费。

（5）讲习和研讨会

讲习和研讨经常结合在一起，主要是针对学校或教师和课程等具体问题举行研讨会。

综上所述，美国的教师教育课程灵活多样，重视教师的结构性知识和技能的形成，即重视普通文化教育课程、教师教育专业课程和学科教育课程的协调和发展。其课程内容比较丰富，近年来更重视教育专业课程设置，提高了教育专业课程的比重。为了提高教师培养的质量和效率，许多大学开始与中小学校建立比较稳定的联系，成为教师教育合作的伙伴，教师教育开始走向"校本教师教育"。当然，校本教师教育不是不需要在大学开设教师教育专业，而是由于教师教育的特殊性，大学需要与中小学校联手进行职前教师的培养和在职教师的进修。

二、英国的教师教育课程

英国的教师教育课程可以分为三种类型和两个层次。三种类型为学科教育课程、教育专业课程和教学实践；两大层次为本科教育学士学位教育和研究生教育证书课程。

（一）英国教师教育课程标准

当前，英国的教师教育课程是根据英国教育与就业部于1998年颁布的《教师资格证书授予标准》的要求设计的。该标准在四个方面对教师教育专业的学生提出了要求，即知识与理解，计划、教学与课堂管理，监控、评估、记录、报告，其他职业要求。

具体地说：

第一，知识与理解是要求师范生理解和掌握国家的中小学课程标准主辅修学科知识、教学方法等，理解和掌握这些内容是教师工作的基础。

第二，计划、教学与课堂管理要求师范生掌握教学计划制订，教学开展和课堂管理的知识、技能和技巧。

第三，监控、评估、记录和报告，主要要求师范生掌握监控、评估、记录和报告学生的知识、技术。

第四，其他职业要求，如要求师范生掌握与教师职业相关的知识和技能。

（二）英国本科教师教育专业

英国的教师教育主要是在教育学士学位和研究生教育证书两个层次上进行，在这两个层次上，教师教育课程的设置是不一样的。在本科层次上，有小学教师教育和中学教师教育的差别。就教育学士学位的课程来看，一般来说，在大学的第一年和第二年主要是学习学科专业，从第三年开始在学习学科专业的同时，重点是进行专业研究和教学实践。例如，爱丁堡大学莫雷教育学院的初等教育专业四年制本科，主要是培养从事3~12岁儿童教学的教师。第一年和第二年主要的学科课程有数学、语言、环境研究、表达艺术、宗教与德育，第一年和第二年的教育课程主要分四个部分：教育思想终身发展与学习、学习与教学、教育的社会背景，课程的原则和问题，教学与学习，教育的社会背景。第三年和第四年学科课程继续一年级和二年级的核心课程数学、语言和表达艺术的学习，教育课程主要集中在发展学生的专业责任，以满足教育过程各个阶段课程的需要课程包含了社会融入、社会公正、文化差异性、个人和社会的健康发展等，融合教育、学校的社会功能、身体素质提高等方面。最后一年进行教学实践，同时选修一门课程。

（三）英国研究生教育证书课程

研究生教育证书课程的学习期限为1年，学科研究课程教育专业研究课程和教学实践三个方面的课程同时进行，重点是进行专业研究和教学实践。我们以爱丁堡大学莫雷学院的初等教育专业和中等教育专业为例进行说明。

1. 初等教育专业的研究生教育证书课程

初等教育专业提供的研究生教育课程有初等教育和中等教育两个专业。初等教育专业研究生课程的基本情况是：本专业第一学期为16周，第二学期为10周，最后一个学期为10周，同时到小学进行教学实践。其主要课程结构为语言数学、环境研究、宗教与德育、表达艺术、身体成长、信息与传播技术、现代语言。学校的教学实践主要在幼儿园小班和大班、小学低年级和高年级进行。

2. 中学教育专业的研究生教育证书课程

中学教育专业的研究生教育证书课程包括专门的培养目标、课程要求、教学任务及专题等。

（1）本专业的培养目标

第一，发展学生作为教师的知识、方法、态度和能力。

第二，掌握苏格兰优秀的文化传统知识、教育经验、教育组织形式。

第三，具备教育各个方面的理论联系实际的能力。

第四，具备必要的支持反思性实践的态度和价值观念。

第五，批判性地理解教与学的过程，包括有关的特殊的需要、新的教育技术和平等的机会。

第六，与其他人成功合作的能力。

第七，计划、反省和调整自己的学术发展。

第八，提高批判、改革和创新能力。

第九，提高交际能力。

（2）本专业的课程要求

第一，学生的学习可达到一系列的主题和核心主题。

第二，专业课程的模式是发展性的，能够说明学生的学习是如何开展的。

第三，以大学为本的研究把讲授和工作坊结合在一起。

第四，建立较为稳定的学院和中小学联系开展教学实践。

第五，评价工作与发展性模式相适应，受年级要求的影响。

（3）本专业的教学任务

第一，在课堂上，教师是有能力的反思性实践者，能够有效地满足学生多方面的学习需要。

第二，在学校中，教师是良好的合作者，也是学校的文化和课程的建设者。在课程的发展过程中，教师是学科专家、课程开发者、教育改革的贡献者。

第三，在专业领域中，教师是履行专业规定、价值观念和责任的教育团体的积极成员。

第四，在社会中，教师与各个方面建立联系，如与家长、专业团体教育行政部门、国家评价部门、政策制定者、咨询与研究团体、国际交流等。

（4）本专业的核心主题

本专业的核心主题主要包括教授与学习、政策与变革两个方面。

第一，教授与学习。包括教师工作的基本知识和技能，特别是课堂、学校和课程发展方面的知识和技能。教授与学习的主要议题有：讲座，主要是对教师工作、主要教学问题进行讲解；多学科工作坊，小队教学和学生中心学习；学科工作坊，把学科学习与学校的教学结合起来。

第二，政策与变革。政策与变革为教师专业工作提供了重要的支持，使教师在学校、专业领域及社会中知道如何做。这一议题包括特殊的教育需要、信息与传播技术、核心技术、学校的决策和组织、儿童保护等。

（四）英国教师继续教育

英国的中小学教师在职进修主要有两大类：一是新任教师的入门和提高，二是有一定经验的教师的进修。新任教师都要进行见习培训。英国公立学校的教师是由地方教育部门根据本地的学校教育的需要，从具有教师资格的申请者中间选择和任命的；私立学校的教师由各校自己选任。无论是哪一类学校的新任教师，都要经过教育见习。有任职资格的教师的见习期为1年，没有任职资格的教师的见习期为2年。在见习期间，见习教师在学校的有经验的教师指导下或中小学校和培训机构的指导下开展教学工作，同时学习教育实践的知识、经验和技能。已经有实践经验的在职教师也必须定期或不定期地接受培训。已有实践经验的在职教师的进修主要是通过时间不等的培训来实施的，短则数天或几个星期，长则一个学期或一个学年。教师继续教育或教师培训主要是由教师中心、教育院校和大学的教育系开展的。教师中心主要对教师进行短期培训、长期培训或授予进修文凭的培训，主要是在大学和教育学院完成的。

英国教师培训的教学科目主要有：英语、地理、历史、数学、现代外语、科学（生物、化学、物理）。其选择课程包括：话剧、发展中国家的教育、教学游戏技巧、教育资源等。培训的特点包括以下几个方面：一是大学的院系和中学紧密联系在一起进行，二是把合作学校的有关课程和大学的有关课程结合在一起。见习教师既在大学学习，也在中小学校任教。见习教师可以在学校的某一个学科任课，这样就可以把理论学习和实际教学结合起来。指导教师和课程导师为见习者设计教学计划和活动。见习教师课程主要由两部分构成：一是课程，二是专业发展规划。课程工作主要包括与特定中学教学科目的教学有关的活动。这些活动包括研讨、工作坊和大学布置的任务、合作教学、观察、学校讨论，其目的是让见习者形成教学能力、发展教学策略、理解影响教学的问题。所有学科的教学都在辅导教师和课程导师的组织下进行。有些课程的工作是对所有见习教师都适用的，有些工作则是针对个别见习教师的。专业发展规划主要涉及与教育问题有关的大量的活动。这些活动包括大学的讲座和研讨会，以校为本的调查和进行更多的阅读的目的是让见习者对整个学校和课程有一个全面的了解，使他们感受到通过其教学也可以对解决这些问题作出贡献。

英国各类大学和教育学院都积极参与教师继续教育。教师继续教育课程多种多样，主要有课程学习、课程编制、学科会议、专业讲座研讨会、示范观摩课、展览活动、参观活动等。大学教育学院或教育系提供的课程主要有学位课程和各种证书课程，如教育学士学位荣誉课程、高级文凭课程、教学硕士学位课程及其他特别课程。

英国的教师教育课程是灵活多样和规范的，其课程重视三个方面的内容：学科课程、教育专业课程和实践课程。学科课程方面重视中小学教师的基本知识的掌握；教育专业课程方面重视对教学、学习、学生等方面的理解，重视对教育专业知识技能和技巧的掌握；实践课程对教师的见习和进修也都有规范的做法。

三、德国的教师教育课程

德国历来重视教师的培养。历史上，第一个把教育学纳入大学讲坛的是大哲学家康德；把教育学作为一门科学进行研究，并创立了教育学体系的教育家是德国学者赫尔巴特。德国历来重视对教师的培养。只不过，在不同的阶段，德国教师的培养方式和培养内容不一样。从课程来看，不同类型的教师教育课程有不同的特点。

（一）德国学前教育教师培养课程

学前教育教师由社会教育专科学校或社会教育专科学院培养。其招生对象是实科学校 10 年级毕业生或具有至少 2 年职业训练的同等学力者。其基本课程结构包括理论课程和专业实习。理论课程主要包括教学法、社会教育实践方法、美术、手工、音乐、游戏、运动和体育。同时，学校或学院还开设有教育学、心理学、青年文学、社会卫生和权利等课程。专业实习为期 1 年，主要是通过教学实践把理论和实际结合起来，在实习过程中提高教学实践能力。

（二）德国普通中小学教师培养课程

普通中小学教师均由大学培养，培养过程分为两个阶段：第一个阶段在大学进行，主要是学习各种理论课程；第二阶段是在学校实习。理论课程的基本结构是教育学科、专门学科和教学法。各个课程所占比重，在各个大学不尽相同。根据德国各州文化部长常务会议于 1990 年 10 月 5 日制定的《关于相互承认教师职务考试与任职资格》的决议规定，各类中小学教师必须在大学或高等师范学校接受一定课时的教育科学和执教学科的培训才能取得教师任职资格。由于德国联邦政府的教育权力有限，各州都根据本州的实际情况制定本州的条例，但一般都包括四部分：教育学科课程、两门执教学科课程、学科教学论和学校教育实习。

（三）德国教师教育课程的基本内容

教师教育课程结构要体现在课程的内容方面。德国教师教育课程内容十分丰富，现以柏林洪堡大学设置的教育科学课程为例。洪堡大学设置的教育科学课程有：教育行动、教育理论、教育科学理论、作为社会机构的学校、社会化与教育、课程与教学、学习与信息加工、公共场所中的艺术、教养论与教学、教育组织理论、系统教育学、普通教育科学研究专题、教育美学研究专题、人文主义、教学与研究的改革、人权教育、跨文化研究、高等教育比较研究、教学技术学、教学媒介、计算机辅助教学、学校中的互联网、学科教学论、哲学和社会学等。这些课程内容范围十分广泛，可以把它们概括为：教育学、心理学、教学论、教育技术方法等。

（四）德国教师教育课程的发展趋势

德国的教师教育课程重视学科课程教育课程和教育实习的整体协调和均衡，同时也存在着改革的空间。1998年，德国文化教育部部长会议组建了一个由科学家和教育行政官员参加的教师教育会。该委员会对德国教师教育进行了一次全面的调查，于1999年8月23日完成了《德国教师教育展望的报告》，该报告于2000年公布发表，对德国的教师教育质量作出了肯定，认为教师教育重视专业学科教学，为未来教师打下了坚实的专业学科知识和能力基础，为他们从事教育教学工作做好了比较充分的准备。该报告也认为，教师教育只重视专业学科教学存在着一些缺点：与其他国家相比，德国大学为教师教育专业的学生开设的教育学科课程比较多，但更重视学科专业课程的开设，教育学科课程门类总量上不足；对跨学科教学重视不够，教师的综合教学能力跟不上信息化和全球化时代的要求；德国大学开设的教育学科课程随意性大，系统性不够，内容空泛，学科教学论脱离中小学教学实际；德国未来的教师教育课程改革在继续加强学科专业课程与教学的同时，需要加强学科教学论的实用性，充实教育学科课程，使教育学科课程系统化，另外，在教学实践方面也需要加强。

四、日本的教师教育课程

日本在20世纪80年代进行了大张旗鼓的教育改革，对教师教育进行了大幅度改革。教师教育课程改革是教师教育改革的核心内容之一。为适应21世纪的挑战，1988年6月4日，日本通过了《教育职员许可法》。该法从1988年7月1日开始实施，于1989年底完成了修改后的教师教育课程的转换。这次修订的主要依据是日本教育职员养成审议会在1987年提出的咨询报告《关于面向新时代的教员养成改革策略》中提出的教师教育课程改革措施。

（一）日本教师教育课程结构

1988年的《教育职员许可法》规定，教师培养的课程包括一般教养科目、学科教育专业科目（学科课程）、教职专门科目（教育专业课程）。一般教养科目分为人文、社会、自然三大领域，至少要各修8学分，一共24学分；外语科目要修12学分以上；保健、体育科目要修4学分。学科教育专业科目和教职专门教育科目是将来从事教育工作所必需的，学分要求为59分以上。根据日本全国教员养成问题联络会的调查，现在日本大学开设的有关教职专门教育科目有：

第一，有关教育本质及目标的科目：教育原论、教育史、教育理论、教育学、教育基础论、教育学基础、学校教育学、教育哲学、教育社会学等。

第二，有关青少年身心发展及学习过程的科目：授业心理学发展与学习心理学、教育与青年心理学等。

第三，教育与社会、制度、经营有关的科目：教育法学、社会教育概论、现代学校论、日本教育史、西洋教育史、教育经营学、学校教育论、同和教育问题论、教育法规等。

第四，有关教育的方法及技术（包括灵活运用情报机器及教材）的科目：教育工学、教育媒介论、视听觉教育、视听觉教育实习、学习指导论、教育实践论等。

第五，有关学科教育法的科目：没有特别规定，由学校自定。

第六，有关道德教育的科目：没有特别规定，由学校自定。

第七，有关特别活动的科目：没有特别规定，由学校自定，但要进行课外活动的研究。

第八，有关学生指导、教育商谈及出路指导的科目：生活指导论、教育临床论、学科外教育的研究、临床教育学、心理学咨询论学科外指导论文、教育指导论、学生指导。

第九，教育实习：教育实践的研究。

第十，其他科目：终身学习论、教育评价、外语教育论、人权教育研究、教师的表现法、环境教育、教职特讲、社会教育、教职演讲、教育史、教育内容论、终身教育研究、教职研究、教育史特讲比较教育学特讲、教育课程特讲、同和教育特讲、特殊教育特讲、教育法学特讲、教育社会学特讲、社会教育学特讲、教育工学特讲、视听觉教育特讲、部落解放教育的研究、同和特讲、同和教育演习、教育社会学、教育行政学、社会教育概论、特殊教育、情报处理、教育法及教育史、学校管理、图书馆学、教育法规、教育方法等。

1988 年修改后的《教育职员许可法》虽对以前课程结构略有调整，但依然还是三种结构。就教师教育专业课程来看，主要由两部分构成：一是学科专业教育课程，二是教职专门课程。两者的比重有所变化，主要是提高了教职专门课程的比重。初中教师的教职专门课程由原来的 19 学分增加到 31 学分，高中教师的教职专门课程学分也增加了 4 学分。有些课程从学科专业中分化出来，作为选修课程，供大学自由开设和学生自由选修。

（二）日本职前教师教育课程

在日本的职前教师教育课程中，最主要的两类课程分别为本科教育学士学位课程和硕士学位课程。

1. 教育学士学位课程

日本的教育学士主要招收高中毕业生，学制四年，培养义务教育阶段的教师。下面以日本兵库教育大学为例，介绍其教育学士学位课程的修习分数、课程内容及毕业后所能获得的"教育资格证书"。日本兵库教育大学学部毕业的条件是：在学完 4 年的课程后，满足规定的学分要求，方可取得教育学士学位。

本科生的课程门类根据普通教育学校所设学科的要求开设，大致有如下科目：教育管理方面有教育学、教育史、教育社会学、教育心理学、发展心理学等，幼儿教育方面有幼儿教育幼儿心理、幼儿保育研究等，特殊教育方面有特殊儿童教育学、特殊儿童心理学、特殊儿童发展学、特殊儿童指导法等，语言科教育方面有国语学、国文学、汉文学、英语科教育、英美文学等，社会科教育方面有历史学、地理学、法学、政治学、社会学、经济学、哲学与伦理学、社会科教育等，自然科教育方面有代数学、几何学、解析学、应用数学、数学科教育、物理学、化学、生物学、地学、理科教育等，艺术科教育方面有声乐、器乐、作曲、指挥、音乐学、绘画、雕塑、装饰、工艺、美术史、美术科教育等，生活、健康科教育方面有体育学、运动学、学校保健、保健体育科教育、技术科教育、家政科教育等。

2. 硕士学位课程

日本的教育硕士学位有两种：一种是教育硕士，另一种是教育学硕士。二者的学位层次是一样的，但其性质不一样，前者重视实践，后者重视理论。这与美国的教育硕士、英国的研究生证书教育属于同一层次，也与我国的教育硕士专业学位类似。

以日本兵库教育大学的研究生院所开设的学校教育研究科为例，该研究生院学校教育研究科专业课程门类主要有：学校教育专业，包括教育原理、教育管理、教学方法、学生指导，学科教育专业包括语言（国语、英语）、社会、自然（算术、数学、理科）、艺术（音乐美术、图画、手工、制作）、生活与健康（保健、体育、技术家庭）。各个专业所要修习的课程及所应达到的最低学分数如下：公共科目开设有教育原理、教育管理、教学方法、学生指导，对这些课程所要求的是作为教师应掌握渊博的专业知识和教育理论，包括关于人的生长发育、关于教育和教学的组织与管理、关于教学体系与各科教学法、关于学生指导等领域，总共12学分；综合科目开设学科教育、学校教育、幼儿教育、特殊教育、学科专业教育等课程，对这些课程所要求的是作为教师应掌握体现专门职务特性的跨学科科目，总共22学分；而选修科目则是学生根据个人研究课题的兴趣和爱好，学习并拓展自己知识领域所选修的科目。学校教育研究科硕士课程的毕业要求是：必须在研究生院学习2年以上，学满所规定的至少34学分的学分，并在接受必要的研究指导基础上通过自己设计完成的硕士学位论文的审查及考试成绩合格，毕业者才被授予国家颁发的"教育硕士学位"或相关的"一级普通教师资格证书"。

教育学硕士学位课程由普通大学的教育学研究科提供，其入学对象是大学本科毕业生，学习重点在教育科学理论研究方面，而教育硕士重点放在学校教育的实践研究上面。以日本京都大学研究生院教育学研究科为例，京都大学研究生院教育研究科有三个专业：教育学专业、教育方法学专业和临床教育学专业。教育学专业由教育学、教育史、比较教育学、教育指导、教育课程构成，教育方法学专业由教育心理学、视听教育、教育社会学、社会教育图书馆、教育行政学构成，临床教育学专业由临床教育学、临床人格心理学、教育临床心理学、临床教育人类学构成。

（三）日本在职教师教育课程

日本中小学教师在职进修是教师的一项权利和义务。日本相关文件，教师的在职教育可以通过部、道、府、县教育部门及大学所办的认定讲习、函授教育、学分考试等方式进行。不同形式的在职教育的课程设置有所不同。

1. 认定讲习

"讲习"是指"资格证书法所认定的授课活动"，只有具有"资格证书授予权"的大学才能举办这种讲习。"讲习"的主讲人必须由大学教授担任，学员必须至少学满规定学时五分之四的课程，并参加规定的考试，还要提交论文或书面科学研究报告，审查合格后才能获得学分证明书。学员要取得相应的教师资格证书，就必须学满 45 学分。

2. 函授教育

日本相关文件规定，在职教师可通过函授教育的途径取得高一级教师资格证书。这种办法自 1950 年起实行：要开设教师函授教育课程的大学，必须在开办前 2 个月，将其班名、教学目的、招生名额、开设科目所需费用等向日本文部省提出申请。学员根据自己所选定的科目完成修业学分，经过考试或所提交的论文审查合格，即可取得结业资格证书。这种方式自由灵活，是一种非常有效的方式。近些年，网络教育为函授教育提供了更有利的条件。

3. 学分考试

自 1953 年起，日本开始实施"学分考试"制度。考试合格的在职教师可获得高一级教师资格证书。这种办法的主要对象是很难享受教学进修研究机会的偏僻地区学校的教师。日本文部省将实施"学分考试"后授予高一级教师资格证书的审批和授予权交给文部省认可的大学。这种做法为平时能抓紧时间自学的在职教师提供了取得高一级教师资格证书的机会。学分考试的考试科目分为"普通教育科目"和"专业教育科目"两种，每年考两次。在每次考试之前，日本文部科学省将委托进行"学分考试"的大学将考试科目、考试地点、考试日期和时间、手续及考试规则公布于众。考试一般采用笔试，根据专业需要还可进行面试和考查技能、技巧。考题的命题、评分和资格授予工作均由有关大学负责。

4. 进修班和讲习班

在日本，一些大学利用暑期举办教师进修班或讲习班，在职教师可以利用这些机会到大学接受面授。在一般情况下，每一期进修班能取得3~6学分。坚持几年，教师在学满45学分后，可以参加一次学分考试，成绩合格就可以晋升一级资格。"检定资格证讲习班"是日本最普遍的教师进修形式，由都、道、府、县教育委员会组织。日本的相关部门对这种讲习班要求很严格，只有在获得文部大臣许可后才能举办。学员在考试合格后取得学分，每人每参加一期讲习班至少应取得2学分，毕业后可晋升一级工资。学员如果到外地大学听课，则旅费可以报销50%。这对教师在职学习是一个很好的激励。

5. 在大学旁听或者选课

学员在指定的大学里旁听某些课程或在大学夜间部学习自己想学习的课程，校方应根据学员的资历、学力，准予其在相应的班级听课和学习。在期末随堂考试中，合格者可获得学分，学员在学满规定学分后获得相应教师级的资格证书。在学习期间，学员可在教授指导下，对某一研究课题做一定时期的不脱产进修研究。旁听的课程主要是教育专门课程，如教育学、教育行政、学校管理等。这种旁听可以扩大教师的知识面，使他们的知识随着时代的发展而不断进步。

总之，日本非常重视职前教师培养的质量和在职教师进修的质量。日本也重视教师教育课程结构的合理性。日本在职教师的进修也是受到鼓励的，政府或学校专门出资让教师脱产利用业余或假期进修。

第二节 我国的教师教育课程设置

我国教师教育课程制度在近一百年来几经变迁。在19世纪后期至20世纪初，我国的教师教育课程以日本的教师教育模式为主导，而在1930年之后，又以美国的模式为主导。中华人民共和国成立之初，在改造教师教育的过程中，全面借鉴苏联的教学模式，在定向体制的条件基础上，构建了以学科专业课程、教育学类课程、教学实习等课程为主的社会主义教师教育课程体系。自20世纪80年代以来，我国经济和社会发生了巨大变化，我国的教师教育体制和教师教育课程也发生了巨大变化。

一、中华人民共和国成立前的教师教育课程

现代教师教育课程体系在我国最早的建立可以追溯到 1904 年 1 月的《奏定学堂章程》。该章程将师范教育系统分为优级师范学堂、初级师范学堂、师范传习所、简易师范科、实业教员讲习所。初级师范学堂招收小学毕业生，设有修身、讲经、读经、语文、教育学、历史、地理、算学、博物、理化、习字、图画、体操等。京师大学堂师范馆的课程有伦理、经学、教育学、习字、作文、算学、中外史学、中外舆地、博物、物理、化学、外文、图画、体操等。后来，师范教育课程有了较大调整，吸收了西方国家教师教育课程的内容。20 世纪 30 年代的师范教育课程包括：公民、语文、历史、地理算学、物理、体育、卫生、军事训练（女生学习军事看护）、劳作、美术、音乐、伦理学、教育概论、教育心理、教育测验及统计、小学教材及教法、小学行政及实习等。乡村师范学校则增设农业、农村经济、水利等农村实用科目。高等师范教育有专门的师范大学、综合大学的教育学院（系、科）和师范专科等。在北平师范大学的课程体系中，主要的构成为公共必修科目、自由选修科目、主修科目、副修科目，具体的内容包括：思想政治（党义）、自然科学概论、社会科学概论、哲学、卫生、体育、地理、历史、语文、外语、数学、化学、物理、生物、教育概论、实用技能、教育心理、中等教育、教育行政、教学法、教育史、参观和教育实习、儿童及青年心理等。

从上述所开设的课程可以看出，当时的教师教育注重教师教育的学科专业课程、教育学科课程和实习三个方面的内容教育学科门类已经有了七门课程。这对当时的师范生来说已经有了较多的教育学科知识，但是，当时更重视的还是学科专业课程。

二、改革开放前我国的教师教育课程

（一）课程制度的初建时期

1952 年，经过高等学校院系调整，我国高等师范学校独立设置，并根据中等教育的需要进行了系科调整，在此基础上完成了第一次的示范教育课程改革，全国统一的教师教育课程制度也由此建立。就内容上来说，这次教育改革主要废除

了旧的课程，充实了新课程，编订了全国统一的教学计划、教学大纲和教科书，全国实行统一的教学计划、教学大纲和统编教材。到 1955 年，全国高校教学计划 193 个，其中师范教学大纲 20 个；修订教学大纲 348 种，其中师范教学大纲 21 种。采用苏联教材的高校课程达 620 门之多。[①] 至此高等师范院校同其他类院校一样建立起了全国"大一统"的课程制度。高等教育部还专门针对高等师范学校的教学计划进行了制订，包含 10 个专业：语文、数学、政治教育、历史、地理、教育、物理、生物、化学、体育等。1957 年以前，各院校都是按照教育部颁发的教学计划进行教学的。

（二）课程制度的调整时期

1958 年，进行了第二次课程改革。这次的改革的主要目的是精简课程，突出了课程与劳动生产相结合的直接性，将课程与科学研究相结合，以便更好地服务于政治与生产，增加了劳动课时；各地高校不再执行统一的教学计划、教学大纲和统编教材，课程权限下放到省市教育行政部门和学校，由他们对课程进行管理。在此期间，中等师范学校有了较大发展，学校的数量和学生的数量都激增不止，数量的增加致使招生、管理和课程的权限下放给了学校，一般都停止使用统一教学大纲和教材，学校自编教材。

（三）课程制度的确立时期

教育部在 1961 年 10 月召开了全国师范教育会议，对过往的经验进行了总结，在此基础上，拟定了高等师范学校教学计划的若干原则规定，明确了修订教学计划的几个主要问题。

第一，重申教学是学校的中心任务，必须依据以教学为主的原则全面安排学校的各项工作，每年的教学时间必须保证在 8 个月以上。

第二，在课程设置上，适当解决政治教育、科学文化知识和生产劳动的全面安排问题，规定了各类课程的比重。政治课占教学总时数的比重，文科约为 18%，理科约为 11%；专业课占教学总时数的比重，文科约为 60%，理科约为 70%。为了保证高等师范学校可以加强科学文化知识的教学，加大基本技能的训

---

① 黄崴. 教师教育体制国际比较研究 [M]. 广州：广东高等教育出版社，2002.

练，在进行专业课授课课时中，规定基础课理论所占比例应该达95%，其余占5%，同时开设一定的选修课。

第三，重视和加强教育业务训练，教育理论课程在教学时间安排上应占一定的比例，教育实习安排6~8周，教育见习要经常进行。

第四，为了培养独立工作能力，提高教学质量和文化科学水平，本科高年级学生可以在教师的指导下，结合一定的教学环节进行科学研究，时间由学校自定。

第五，为了培养师范生爱劳动的品质和习惯，掌握一定的劳动知识，每年安排一个月或一个半月的生产劳动。根据这些原则对各学科的教学计划进行了修订，这对教学秩序的稳定起到了很大作用。

三、改革开放时代的教师教育课程

从1978年开始，教育部委托有关高等师范学校修订各专业的教学计划，这些计划在经审订后颁发执行。在此后的几年中，各高等师范院校对各自的专业教学计划相继进行了修订。修订的原则：一是科学、系统地阐述各门学科的规律，坚持理论联系实际的原则；二是正确地反映本门课程在教学计划中的地位和作用，并注意与其他有关课程的联系和配合，在保持该门课程的科学系统的前提下，避免不必要的重复；三是加强基础理论、基础知识和技能的教学，对学生的自学能力进行着重培养，积极培育学生的思维能力、表达能力和研究能力；四是适当地介绍本门课程所属学科的新发展；五是贯彻"百花齐放，百家争鸣"的方针，正确处理学术上的争论。

从1985开始，课程制度就一直在经历改革。1985年后，课程改革的总体趋势是：现代化的课程内容，综合化的课程结构，多样化的课程形式，选择性的课程，从而打造高素质、高水平的师资队伍。在1985年的《中共中央关于教育体制改革的决定》中，对高等院校的课程制度提出了基本设想：增加选修课、减少必修课，实行学分制和双学位制。《中共中央关于教育体制改革的决定》指出："不少课程内容陈旧，教学方法死板，实践环节不被重视，专业设置过于狭窄，不同程度地脱离了经济和社会发展的需要，落后于当代科学文化的发展。"

为了对这一状况进行改变，就需要遵循理论联系实际的原则，将辩证唯物主义和历史唯物主义的思想作为指导思想，对教学内容、方法、制度进行改革，以此来提高教学质量，这在当前是非常紧迫的任务。要针对目前存在的问题，积极地进行教学改革的试验，比如：对当前专业过于狭窄的状况进行改变，对教学内容进行精简与更新，同时对实践教学环节有所增加，减少一些必修课，增加相应的选修课程，同时实施学分制和双学位制，此外，还增加了自学的时间以及增加了相应的课外学习活动，有针对性地开展勤工助学活动。这就为高等师范院校的课程改革提供了基本方向，不少师范院校开始按照《中共中央关于教育体制改革的决定》的要求增加选修课门类，实行学分制，试行双学位制。

中共中央在1993年发布了《中国教育改革与发展纲要》，对《中共中央关于教育体制改革的决定》中的有关课程制度改革的内容进行了强化。在《中国教育改革与发展纲要》中指出：高等教育要进一步改变专业设置偏窄的状况，拓宽专业业务范围，加强实践环节的教学和训练，发展同社会实际工作部门的合作培养，促进教学、科研、生产三结合。国务院针对《中国教育改革和发展纲要》提出具体的措施：要合理调整系科和专业设置，拓宽专业面，优化课程结构、改革课程内容和教学方法，加强教材建设，加强素质和能力的培养，增强学生对社会需要的适应性。逐步实行学分制，在确定必修课的同时，设立和增加选修课，拓宽学生的知识视野，激发学生学习的主动性和创造性。建立合理的淘汰制和优秀学生奖励制度等教育教学制度，大面积提高教育质量。

四、目前我国的教师教育课程

我国独立的师范教育体制决定了我国的教师教育课程制度的统一性。尽管每一所师范大学每隔几年都要修订本校的教学大纲，但各校的课程专业设置、教学计划、教学大纲大同小异。概括来说，教师教育课程的基本要求有以下几个方面：

（一）培养目标

高等师范院校的基本任务是培养中等教育师资。对学生的要求是：掌握本专业所必需的基础理论、基本知识和基本技能，掌握一门外语。

（二）学制

学制有四年制本科和二年制专科两种类型，每学年分两个学期，第一学期在

9月入学到次年 1 月中旬结束，寒假大致在 1 月 15 日至 2 月 15 日左右；第二学期在 2 月中旬入学到 7 月上旬结束，暑假从 7 月中旬到 8 月底。

（三）课程结构

课程包括：学科基础课程、公共课程、专业必修课程、专业选修课程、实践性课程、毕业论文（专科生不写论文），本科四年学分在 170 分左右。全国各大学开设的公共课基本相同，所占学时与学分的比例为 40% 左右，在整个学分中学科基础课程和专业必修课程占比约为 50%，其他的选修课程占比为 10%。

（四）教学环节

课堂教学是主要的教学环节，还有专门的教学实习或实验设计。根据教学计划制定各门课程的教学大纲，教学大纲的基本内容有教学目的与要求、教学内容要点、基本参考书目、教学中应注意的事项。根据教学大纲编制教科书教学计划和教学大纲的统一性形成了全国统一的培养模式。教育部还通过设立学科教学指导委员会对全国各学科进行学术方面的管理，加强了这一统一的模式。

第五章　教师教育实践探究

教师职前教育实践是为教师从业做准备的，既是教师从业的基础，也是教师终身发展的前提。通过参与教师职前教育实践，"准教师"能够掌握开展教育教学活动和班级管理所需的专门知识和能力，不断提高教育素养，加强对教学技能的掌握，以此来保证实现良好的教育教学活动。在本章中，将对教师职前教育实践的相关内容进行详细论述，主要从三个方面进行阐述，分别是教师职前教育实践、教师入职培训实践和教师职后培训实践。

第一节　教师职前教育实践

积极开展教师职前教育实践，对于确保"准教师"顺利进入工作岗位、有序开展工作具有重要的意义。因此，我国对教师职前教育实践予以了高度重视。

一、教师职前教育实践的含义

教育实践建立在一定的教育观念基础上，是指以人的培养为核心的各种活动方式和行为。教师职前教育实践是指在使"准教师"获得实践性知识，培养和提高"准教师"教育教学实践能力的一切有计划、有组织的教学活动。[1]

"准教师"参与教师职前教育实践，能够保证其在进入教师岗位后成为工作态度端正、理论基础扎实、教育教学技能合格、个人素养较高的优秀教师，进而在教师岗位作出应有的贡献。

---

[1] 刘维俭，王传金. 教师职前教育实践概论[M]. 南京：南京师范大学出版社，2006.

二、教师职前教育实践的意义

教师职前教育实践一般通过正规的师范院校或具备师资培训条件的院校进行,对于"准教师"的成长有着十分重要的意义。教师职前教育实践的意义主要体现在以下几个方面:

(一)能够帮助"准教师"形成较为完善的知识结构

教师的知识结构主要是由专业知识、公共知识和实践知识构成的。其中,教师的实践知识是一种产生于特定情境的、个人化的、体验性的知识,是教师以教学情境为依据,借助自己已有的知识储备去解决实际问题的知识。教师只有具备非常丰富的实践知识,在教学过程中在遇到问题的时候,才能立足于多种角度对问题进行把握和解决,并且在明确多种可能性的前提下,迅速作出较为正确的决策。"准教师"在校期间的一个重要学习任务便是获得并不断增长自己的实践知识。

就我国当前教师教育的现状来说,"准教师"的实践知识主要是通过教师职前教育实践获得的。通过参与教育研习、教育见习、教育实习等多样化的教师职前教育实践活动,"准教师"的实践知识能够得到不断丰富和完善。

"准教师"在形成了较为丰富的实践知识后,能够进一步优化专业知识和公共知识,从而为其日后真正走上教师岗位奠定良好的知识基础。

(二)能够提高"准教师"的教育教学能力

教育教学能力是教师的核心能力,提高教师的教育教学能力是教师管理的永恒主题。

所谓教师的教育教学能力,就是教师在教书育人过程中所必备的,随着从教时间的增加而发生质的动态变化的核心能力及其组合。教师的教育教学能力包含众多的内容,如全面了解和正确评价学生的能力、寓德育于教学之中的能力、正确分析和运用教材的能力、进行课堂教学设计的能力、组织教学活动的能力、教师身教的能力、处理学生问题的能力等。

教师在教育教学实践中能够形成教育教学能力。教师在教育教学实践中会对文化知识、教师师德、科学理论、教育技能、教育理论进行综合运用,也会对教师所具备的教育教学的能力进行实际的检验。教师只有借助实践这一渠道，才能将学科知识与教育知识转化为教育教学能力。鉴于此，要想对"准教师"的教育教学能力进行提高，就需要重视教师的职前教育实践。

（三）能够促进"准教师"的专业发展

职前教育阶段是教师专业发展的开始阶段，之后经过导入教育阶段而进入在职教育阶段，这就形成了一个连续体。只有在职前教育阶段奠定专业发展的基础，才能将专业发展落实于教师的职业生涯

"准教师"通过参与教师职前教育实践，能够系统地研究教育教学情境，反省自己的教育教学行为，反思各种教育教学情境脉络，从而促进自身的专业发展。

（四）能够帮助"准教师"更快地适应教师岗位

教育教学是一项极其复杂的工作，并且在很多时候是十分枯燥的。对于教育教学，"准教师"已有了一些基本的了解，但是，他们对教育和教学的复杂程度大都只是表面上的了解，常常把教育教学看作一件很有意思的事情。"准教师"一旦正式进入教师岗位，就会发现，他们原本的各种幻想、积极乐观的态度、崇高的理想、新事物的新鲜感，以及其所拥有的知识、信念、价值观，和其有限的技术，都会在复杂的教育环境中受到冲击。在面对复杂的教育教学实际问题，"准教师"所具备的理论知识以及所拥有的教育教学技能很难对这些问题进行完全解决。如此一来，新教师便会感到压力很大，继而产生紧张、焦虑等消极情绪，甚至担心自己能否在教师岗位中生存下来。随着教育教学经验的不断增加，大多数新教师能够逐渐适应教师岗位，也会出现根据实际情况来打破或者忽视规则的情况，根据当前所面临的实际情况和问题来指导行为，在实践中使得自己的教育教学行为变得更加灵活，增强了自信。通过上面的论述可以知道，"准教师"在进入教师岗位后，会经历一个入职适应期。要想缩短"准教师"的入职适应期，就需要进行教师职前教育实践活动，以便帮助"准教师"在更多地了解教育教学实际的同时，不断提高自己的教育教学实践能力。

（五）能够帮助"准教师"为教育事业作出更大的贡献

教师职前教育实践能够帮助"准教师"加深对教育教学的认识，增强其教育责任感，从而使其在日后全身心地投入教育教学的工作中，为教育事业的发展贡献力量。

三、教师职前教育实践的主要形式

就当前来说，教师职前教育实践的形式主要有教育研习、教育见习和教育实习三种。

（一）教育研习

教育研习，是指"职前教师或师范生在其整个培养过程中对他人或自己的教学实践行动所进行的研究"。[①] 教育研习并非一朝一夕之功，而是一项长期的工作。另外，就其实质而言，教育研习是一种基于实践的、以研究为特征的学习活动，也就是说，在实践中研究，在研究中实践。

1. 教育研习的重要性

教育研习的重要性主要是通过以下两个方面表现出来的：

（1）能够促进师范生的专业化发展

教育研习是一项具有很强的实践性和研究性的活动，能够在很大程度上促进师范生的专业化发展。具体来看，教育研习对师范生专业化发展的促进作用主要表现在以下几个方面：

第一，教育研习有助于师范生拓宽自己的知识面，并进一步加深对所学理论知识的理解。

第二，教育研习有助于师范生提高自己的反思能力和研究能力。

第三，教育研习有助于师范生教育实践能力的提高。

第四，教育研习有助于培养师范生的社会交往能力。

（2）能够促进教师职前教育课程体系的完善

如果在教师职前教育课程中增设能够使教师职前理论教学与实践教学有机地

[①] 罗毅. 职前英语教师专业发展研究——教育研习视角[M]. 武汉：华中科技大学出版社，2016.

融合在一起的教育研习，则将能够在一定程度上改变教师职前教育课程中理论教学占据主导地位、实践课程的总量偏低的问题，从而促使教师职前教育课程体系得到一定的完善。

2. 教育研习的特征

教育研习与教育见习、教育实习相比，有着鲜明的特征，具体表现在以下几个方面：

（1）研究性

教育研习建立在对教育问题进行观察、收集、审视、筛选的前提下，使教育问题成为研究课题，并结合理论提出具体的解决方案，用实践对问题方案进行检验，实现问题解决的目的。教育研习最为本质的特征便是研究性。

（2）连续性

教育研习的连续性特征指的是教育研习会贯穿师范生整个受教育的过程，而不是仅仅存在于某一教育阶段。

（3）关联性

教育研习的关联性特征指的是教育研习活动的开展情况将直接影响师范生的综合素质，并在很大程度上决定着师范生是否具备成为研究型教师的潜能。

（4）统领性

教育研习所具备的统领性特征主要是指，不管是在教育课程的学习过程中，还是在教育实践中，都应该将教育研习作为主线，在开展教育实践活动时应该从研究的视野出发，以此来培养师范生的研究意识和能力，切实提高师范生发现问题和解决问题的能力和水平。

（5）系统性

教育研习是由众多内容构成的有机整体，其所涉及的研究范围较为广阔：一方面包含学生的教育信念、专业发展意识、职业意识、教学理念、教育政策、教学策略与方法、教育教学状况；另一方面涉及一系列具体的教学问题，如语言知识、情感态度、语言技能、学习策略、文化意识等。

3. 教育研习的任务

教育研习的任务具体来说有以下几个：

第一，积极引导师范生全面、深入了解中小学的教育教学工作，包括中小学的教育教学工作的主要环节、中小学新课程改革的目标、内容与最新动态等。

第二，培养师范生初步的教育科研能力，包括使用教育科研的方法、掌握教学研究的一般程序和规范、在教师指导下开展一些初步的教育教学课题研究等。

第三，师范生需要积极了解和完善作为合格的教师所应该具备的专业的理论知识和实践知识。

第四，不断提升师范生教育教学实践能力。

4. 教育研习的内容

教育研习涉及的内容有很多，其中较为重要的有以下几个：

第一，研习新课程标准，包括新课程标准的意义、基本结构功能、内容、与教材之间的关系等。

第二，研习新课程标准的教材，包括教材的特点、结构、内容和版本等。

第三，研习课堂教学技能，包括课程开发技能、讲解技能、提问技能、学习指导技能、教学评价技能、人际交往技能、课堂管理技能和教学设计技能等。

第四，研习教育科研方法，主要包括两方面的内容：一是如何对课题进行研究，二是如何撰写研究报告。

第五，研习班队工作技能，即在对中小学生的年龄特点以及班队工作理念进行充分了解和准确把握的基础上，通过参与现实的或模仿的班队活动，获得与班队工作相关的技能。

第六，研习教育热点问题，深入分析和研究教育热点问题，在此基础上，针对问题提出解决问题的方法，并提出相应的解决策略。

5. 教育研习的方法

教育研习的方法有很多，大致来说可以分为以下几类：

（1）专题研究法

专题研究法是指师范生按照学校的统一要求，结合自己的兴趣爱好，对有关的教育理论和实践问题进行专题式的研究旨在研究的过程中掌握解决问题的方法，形成正确的教育观念，从而为教育实践提供理论的支撑。文献研究法、观察研究法和调查研究法等都是进行专题研究时比较常用的研究方法。

（2）教育实验法

教师实验法是指让教育研究者按照一定的研究目的，筛选研究对象，主动地操控试验条件，对教学条件进行人为地创造或改变，并对其他因素的作用进行控制，对实验对象的变化进行及时的观察和测量，从而揭示出教育现象间的因果联系的一种研究方法。

（3）行动研究法

行动研究法是指对教育实践中产生的问题进行有步骤有计划的研究，一边研究一边行动，主要目的是解决实际的问题的一种研究方法。

（二）教育见习

教育见习是高等师范院校各专业培养方案的重要组成内容，是理论联系实际的过程。对于师范生而言，教育见习是其形成实践性知识的至关重要的一环。在开展教师职前教育实践时，教育见习是不可忽视的一个方面。

1. 教育见习的重要性

对于师范生而言，参与教育见习有着十分重要的意义，具体表现在以下几个方面：

（1）能够帮助师范生更好地学习和理解知识

对于师范生来说，教育见习是一个学习和理解知识的过程。在这一过程中，师范生通过听、看、问、想、做等途径，能够对教育教学规律、教育教学工作、班主任工作等有进一步的理解，也能够将所学的理论知识与实际的教育教学结合起来，在认识上经历一个从理论到实践，再从实践到理论的过程，从而为今后的教育教学工作奠定知识基础。

（2）能够帮助师范生提高自己的教育教学能力

教师是一个特殊的专业，除了要具备扎实的基础知识外，还应具备良好的教育教学能力。在参与教育见习的过程中，师范生的教育教学能力能够得到不断提高。具体来看，师范生在教育见习过程中，通过与指导教师和学生的互动，可以对自己的学科专业知识、教学技能与教育能力等进行检验，从而发现自己的教育教学能力与合格教师的差距，并积极进行改善。如此一来，师范生的教育教学能力就能得到不断提高。

（3）能够帮助师范生坚定职业理想

师范生在参与教育见习活动时，能够感受到师德的魅力以及教师的敬业精神，这有助于其重视教师职业道德的养成。在此基础上，师范生便能明确自己所应承担的社会责任，从而坚定自己的职业理想。

2. 教育见习的任务

教育见习的任务具体来说有以下几个：

第一，引导师范生对教学工作形成明确的认知，这对于师范生教育教学能力的提升具有重要的作用。

第二，帮助师范生积累班级管理工作的经验，这对于师范生积累全面的教育教学经验具有重要作用。

第三，引导师范生了解教师专业发展的途径，这有助于师范生初步了解其日后将要从事的职业的基本发展空间和途径，从而更加坚定从事教师专业的信心。

第四，帮助师范生了解现代教育技术与方法（如微格教学等），以及其在实际教育教学中的应用，从而确保师范生的教育教学方法与手段等紧跟时代发展的趋势，推动教育教学不断取得良好的成效。

第五，帮助师范生拓展专业知识的应用渠道，加强对教育理论的学习，从而为接下来的教育实习做好准备。

3. 教育见习的内容

教育见习涉及的内容有很多，其中较为重要的有以下几个：

（1）教学工作见习

在教育见习中，教学工作见习可以说是最为重要的一项内容。因此，师范生在参与教育见习时，应将大量的时间用于见习教学工作中。教学工作见习的内容具体来说有以下几个：

①见习任课教师的备课。一堂课的开展情况，与教师的备课情况有着十分密切的关系。因此，师范生在参与教学工作见习时，必须重视见习任课教师的备课。在这一过程中，师范生应特别注意以下几个方面：

第一，观察任课教师是如何研究课程标准，如何体现课程标准作为最低教学要求的作用，如何贯彻课程标准所规定的课程性质、基本理念、评价原则等要求的。

第二，观察任课教师是如何研究教材，并在教材研究的基础上合理确定教学目标、教学方法、教学重难点，以及合理开发与利用教学资源的。

第三，观察任课教师是如何对学情进行了解的，以及在了解学情的过程中应注意哪些问题。

第四，观察任课教师是如何编写教案来引导学生有效学习的。

②见习任课教师的教学设计。教学设计指的是教师为达成一定教学目标，对教学活动进行的系统规划、安排和决策。师范生在参与教学工作见习时，任课教师的教学设计是一项重要的内容。师范生在见习任课教师的教学设计时，应特别注意以下几个方面：

第一，见习任课教师是如何在综合考虑教学的各种影响因素的基础上对教学目标进行设计的。

第二，见习任课教师是如何对重视培养学生的独立思考和发展能力的教学过程进行设计的。

第三，见习任课教师是如何依据教学、学生以及自身的实际状况对教学策略进行设计的。

第四，见习任课教师是如何对教学原则（如直观性原则、系统性原则、教师主导作用和学生主体作用相统一原则等）进行贯彻的。

第五，见习任课教师是如何以教学内容为依据对教学方法进行设计的。

第六，见习任课教师是如何在课堂教学中实践现代课堂教学基本理念的。这里所说的现代课堂教学基本理念就是强调教学着眼于学生的成长和可持续发展的理念。其主要包括三个方面的内容：一是以学生发展为本位的教育价值观；二是注重学生的全面发展，并且承认学生之间存在差异性，秉承教学过程观；三是教学质量观，着眼于学生的成长。在参与教学工作见习的时候，师范生应该要学习任课教师的教育行为、教育措施是如何落实现代课堂教学的基本理念的，体会任课教师在进行课堂教学时所使用的语言、所设计的教学措施、所安排的教学环节等方面对现代教学理念的贯彻情况。

第七，见习任课教师是如何使用教学方法的。这里说的教学方法包括讲授法、谈话法、讨论法、读书指导法、演示法、发现法、自主探究法等。师范生在参与教学工作见习时，要学习任课教师是如何综合考量教学的影响因素而选择最为恰当的教学方法并将其有效贯彻到教学过程中的。

第八，见习任课教师运用教学技能和教学技巧是教师应有的基本功，而教学技巧的使用对于教师来讲同样也是极为重要的。因此，师范生在参与教学工作见习时，也要注意见习任课教师是如何运用教学技能和教学技巧的。

第九，见习任课教师是如何规范教学礼仪的。教学礼仪就是以教师个人礼仪为支点，以关心、尊重学生为核心，建构一种和谐的教学氛围，以此激发学生的积极性和创造性。因此，师范生在参与教学工作见习时，任课教师的教学礼仪是一项重要的见习内容，包括任课教师的课前礼仪、教学对话礼仪、教学体态语等。

（2）班主任工作见习

师范生在参与班主任工作见习时，应特别注意以下几个方面的内容：

第一，师范生要明确班主任是如何进行班级建设、制度建设和班级日常管理的。

第二，师范生要观察和分析班主任工作的基本方法及其最终成效。

第三，师范生要尽可能地接触学生，了解学生对班主任工作方法的看法，并将自己的观察和学生的看法结合起来，整理出自己的心得体会。

第四，师范生要深入体会做班主任所需要的知识和人格修养等。

第五，师范生要了解和把握成为一名合格的班主任应具备的形象和行为标准。

（3）教研活动见习

教研活动是教师专业发展必不可少的一个环节，也是学校中教师日常活动的重要组成部分。师范生通过参与教研活动见习可以了解当下教育实践中任课教师对一些现代教育理论新观点的理解程度，从而使自己能够从新的视角对教育实践背后的教育理论进行重新了解。具体来说，师范生在参与教研活动见习时应特别注意以下几个方面的内容：

第一，要见习教研组是如何组织教师学习课程标准、研究教材的。

第二，要见习教研组是如何开展教学专题研究活动和经验交流的。

第三，要见习教研组是如何进行校本课程开发和校本教研的。

4. 教育见习的准备

在参与教育见习时，师范生要想获得良好的成绩，最终达到良好的成效，需要进行多方面的准备工作，具体内容如下所述：

（1）组织准备

组织准备主要包括以下几方面的内容：一是成立强有力的教育见习领导组织，二是选择稳固、适宜的教育见习基地，三是制定科学、合理的教育见习条例和工作计划。

（2）思想准备

思想准备的主要内容：一是明确参加教育见习的目的以及见习的内容，二是明确是否已经为教育见习做好了准备以及是否制订了个人见习计划，三是明确如何将自己所学的知识应用到教育见习中，四是明确要成功地完成教育见习自己应该主动做些什么。

（3）学识准备

师范生在见习前应根据专业特点和见习学校具体情况做好相应的学识准备。学识准备指的是对相关的教材进行熟悉，对教学目标以及知识点、重难点有一个初步的了解和掌握。

（4）物质准备

见习前的物质准备要在指导教师的指导下，根据小组、个人和见习学校的实际需要，有目的，有重点地进行，并尽可能做到少而精、少而全和"物尽其力"。准备工作力求发扬集体协作精神，相互帮助、相互配合，对原有物质基础较差的学生应重点帮助，消除其思想顾虑，增强其信心。

（三）教育实习

教育实习是师范教育的有机组成部分，是培养合格师资、贯彻理论联系实际原则、实现师范学校人才培养目标不可缺少的重要教学环节。因此，在开展教师职前教育实践时，必须重视教育实习。

1. 教育实习的重要性

对于师范生而言，参与教育实习有着十分重要的意义，具体表现在以下几个方面：

（1）能够促进师范生坚持教师职业理想

师范生的教师职业理想会在很大程度上影响其如何看待教师职业。因此，十分有必要帮助师范生形成正确的教师职业理想。

教育实习是对师范生的教师职业理想进行巩固的一个有效途径。具体来看，师范生在参与教育实习的过程中，能够真实地感受教师职业，明确自己承担的重任，从而产生献身教育事业的使命感。如此一来，师范生在未来走上教师岗位后，就能高度认同这一职业，并切实承担这一职业的使命。

（2）能够帮助师范生巩固所学的理论知识

对于师范生来说，教育实习是一种重要的学习途径。在教育实习过程中，师范生能够将理论学习过渡到具体实践，并在理论知识的应用中拓展、加深对理论的认识。

（3）能够提高师范生从事教育教学的独立工作能力

教育实习能够提高师范生从事教育教学的独立工作能力，这主要是通过以下几个方面表现出来的：

第一，教育实习能够帮助师范生积累教育教学的经验。

第二，教育实习能够帮助师范生培养团队意识和团队合作能力，使师范生学会如何与其他教师相处。

第三，教育实习能够帮助师范生学会处理各种关系的基本方法，这对于教育教学活动的顺利开展有重要作用。

（4）能够帮助师范生完善自己的教育教学技能

教育实习过程是对实习师范生教育教学技能的一次检测，实习师范生从中可以发现自己在技能方面的不足，并有针对性地进行完善。如此一来，师范生在真正走上教师岗位后，便能更好地开展教育教学活动。

（5）能够促进师范生教育研究能力的提高

一名合格的教师除必须具备良好的教育教学工作能力，还必须具备教育教学研究的能力。对于师范生来说，教育实习是其提高教育研究能力的一个重要途径。在教育实习过程中，师范生完全有条件开展教育调查并进行研究整理，撰写出具有一定水平的调查报告和教研论文，以此提高自己的教育教学研究能力。

2. 教育实习的目的

教育实习是师范生必经的实践教学环节，通过教育实习可实现以下目的：

第一，在课程标准的基础上，帮助师范生运用其所学的专业知识和技能进行学科的教学活动，在教学实践中对专业知识和技能进行巩固和丰富。

第二，帮助师范生理解、掌握不同阶段教育对象的身心发展特点，积累班级管理的实践经验。

第三，在教育教学实践中，提高师范生的教育教学的综合能力，具体包含从事教育教学的独立工作能力、发现和研究教育教学问题的能力、处理学生冲突的能力、沟通交流的能力、教学反思的能力等。

第四，帮助师范生获得正确的教师职业发展道路的相关知识。

第五，积极培育师范生的职业道德与责任心，让师范生真正投入到教育教学工作中，做到真正热爱教育事业，热爱学生。

3. 教育实习的任务

教育实习的主要目的是借助实习这种方式来让师范生的实践知识得到拓展，不断丰富其教育教学的经验，实现对其专业知识结构的构建和完善，为师范生之后的专业发展打下坚实的基础。为实现这一目的，教育实习为师范生设定了以下几项任务：

（1）教学工作实习

教学工作实习是教育实习的核心，主要包括以下几个方面的内容：

第一，备课实习。师范生在参与备课实习时，应在指导教师和原任课教师的指导下，认真细致地钻研课程标准与教材；应全面客观地了解学生；应以教材内容和学生特点为依据，编制科学的教案或教学设计；应在课前进行试讲，以保证课堂教学的顺利进行。

第二，上课实习。师范生在参与上课实习时，应认真做好上课前的一切准备工作，包括教学用具准备和精神准备；应尽可能多上课，既要在教师的指导下上课，也要尝试独立上课；应尝试用不同的课型开展课堂教学活动；应做好课堂教学组织工作；应综合运用各种教学技能进行课堂教学等。

第三，听评课实习。师范生在参与听评课实习时，应认真听实习学校教师的课，尤其是原任课指导教师的课，并积极参加课后的评课研究活动，以发现自己教学中存在的问题并进行纠正，从而切实提高自己的教学水平。

第四，作业、考试与辅导实习。在开展这些实习活动时，师范生应精心选择并设计课内外作业、认真布置和批改作业、做好作业讲评工作、有针对性地对学生进行辅导、协助原任课教师做好评阅试卷工作等。

（2）班主任工作实习

师范生在参与班主任工作实习时，应特别注意以下几个方面：

第一，要了解班主任在学校工作中的地位和作用。

第二，要熟悉班主任工作的基本内容和特点。

第三，要掌握班主任工作的科学方法。

第四，要学会正确履行班主任的职责。

第五，要学会独立开展班主任工作。

（3）教育教学调查与研究实习

教育教学调查与研究实习是开展师范生教育实习的一项重要任务。因此，师范生在做好教学和班主任工作的同时，应安排一定的时间进行教育教学调查研究，以便提高调查研究和教育科研能力。

4. 教育实习的准备

在进行教育实习的时候，师范生如果想要获得良好的成绩，保证教育的实效，应该从多方面入手进行准备工作，具体内容如下所述：

第一，物质准备，应在充分了解实习学校的基础上进行，由于教育实习通常安排在秋季期，因此，实习师范生应该准备好过冬的衣物与床上用品。如果实习学校不能提供计算机，则建议实习师范生带上计算机，以方便备课和查找资料。如果没有网络，找资料不太方便，则建议尽量多带参考资料。关于日常用品，可以到实习地购买，以减少行李搬运的麻烦。

第二，思想准备，包括充分认识教育实习的意义，充分认识学生与教师的双重角色，树立团队意识，形成守时、守信、守纪、守法的良好习惯，做好吃苦耐劳的准备等。

第三，教学工作准备，包括与备课有关的知识准备、与教学有关的技能准备、校内试讲准备。

第四，班主任工作准备，主要包括学会与人沟通、掌握班主任工作所需的知识与方法两个方面。

第二节　教师入职培训实践

一、入职期开展教师教育的必要性

入职期的教师，主要指的是刚刚迈入教学专业的初任教师。初任教师在教学实践中能够逐渐掌握教育教学的常规，掌握教学所应该具备的基本技能，以此来适应这一时期教师角色的转变。初任教师对于学校来说，既是师资队伍中一支新生力量，也是学校获得可持续发展的强大后备力量。为此，应重视初任教师的职业成长和职业发展，以提升初级教师的综合素质。尽管如此，从专业发展的角度来说，初任教师处于一个充满困难与危机的转换时期，特别是初任教师在进行教学工作的第一年。初任教师刚刚走上教学岗位，需要有一个从教学专业的学生转变为教师的过渡期和适应期。

虽然他们在岗前培训阶段都有过教学实践，但是，再好的教学实践方案也不能让初任老师完全适应和准备好面对全天候的课堂教学和全日制班级的管理。大部分初任老师未能够准确预测到教学生活中的孤独感，未能体会到时间和责任带来的压力。而且，在实际的校园环境中，初任教师要承担的责任与有经验的教师同样多，甚至还要更多，这就给初任老师的专业成长和发展带来了更大的难度。面对这样的情况，初任教师非常容易出现挫败感，被失败的情绪所包围，有甚者会对教学工作丧失信心。所以，在职业生涯中，初任教师急需别人的理解与鼓励，需要同伴的支持和帮助，以便缩短过渡周期，尽快地进入教师角色。因此，可以说，入职期是教师专业发展过程中的关键环节，具体通过以下几个方面表现出来：

（一）入职期是初任教师确定职业倾向和职业持久性的重要时期

初任教师需要从有所依赖、承担责任较少的教育专业的学生转换为能够自主进行决策、承担多种使命的教师角色。在这一转换过程中，初任教师会面临各种各样的问题，并可能因为现实冲击而经历职业上的种种不适应。比如，初任教师会发现实际的教学工作要比自己预想得更为困难，引导学生积极主动地学习是不容易的，自己无法经常与经验丰富的同事进行教学讨论和交流等。在此影响下，初任教师很容易对教师职业产生失望情绪，可能无法在教学方面取得积极、理想的效果，还可能产生紧张、焦虑等多种不良情绪，影响身心健康。如此一来，初任教师很可能会决定离开教师职业。而要预防或者减少这一问题的发生，一个重要的举措是在初任教师的入职期内，通过教师入职教育帮助其尽快适应新的环境，胜任教师角色。

（二）入职期是初任教师形成先进教育理念的重要时期

教师所拥有的知识和技能的宽度和深度影响着其选取教学内容。在这一过程中，教师要想确保所选取的内容科学、恰当、合理，必须要有先进的教育理念做指导。

由于入职教育能为教师带来先进的教育理念，必须重视对初任教师的入职教育。具体来看，入职教育的授课教师多是对教学理论和实践有深刻认知的教育领域专家，其在授课中所传递的理念都是学科发展中最先进、最前沿的理念。在这些理念的引导下，初任教师能够形成前瞻性的、成熟的教育思想，这不仅可以帮助教师实现专业化发展，还能实现教育教学质量的提高，进而使得教育教学取得良好的成效。

（三）入职期是教师学习和掌握教学技能的重要时期

如果教师想要顺利完成教学工作，就必须具备相应的知识基础和能力基础。也就是说，只有具备从事教师职业所需的知识和能力，才能成为一名合格的教师。

1. 入职期是教师学习和掌握教学知识的重要时期

对于与教学有关的知识，教师需要进行学习和掌握，对此学者们有着一致的认知。但是，对于教师应学习和掌握的知识的内容，不同的学者有着不同的看法。比如，伯利纳认为，教师应学习和掌握的知识主要有三类：一是学科内容知识，二是学科教学法知识，三是一般教学法知识。舒尔曼认为，一名教师应该学习并掌握的知识包括：一是学科内容知识，二是一般教学法知识，三是课程知识，四是学科教学法知识，五是有关学生及其特性的知识，六是有关教育目标、价值、哲学和历史的知识，七是有关教育情境的知识。安德逊认为，教师需要掌握的知识包括：一是陈述性知识，即知道是什么；二是知道什么样的过程性知识；三是知道何时何地的条件或背景性知识。学者申继亮认为，教师应该学习并掌握的知识，具体内容有：一方面是本体性知识，也就是学科知识；另一方面是条件性知识，也就是教育学、心理学知识；一般文化知识和实践性知识等，虽然不同的学者对于教师应学习和掌握的知识有不同的认知，但总体来说，都包括理论性知识和实践性知识两类。

（1）理论性知识

在此，理论知识包括了一些原理类知识，如学科内容、课程、学科教育教学法、心理学、教育学、一般文化等。这些知识的获取渠道主要是通过读书和听课。

（2）实践性知识

实践性知识主要指的是在教育教学的实践中，教师使用的或者展现出的知识，教育包含行业、情境、案例、策略等方面的知识，包含学习者的知识、自我的知识，此外还包含隐喻和映像，包含教师对理论性知识的理解与感悟及运用理论知识的原则等。

相对于理论知识，教师的实践知识的特征具体表现在以下方面：

第一，与研究人员所使用的理论知识相比较，教师的实践知识因其依赖于教师的经验知识而展现出不够严谨、不够全面的特点，是一种多义的、鲜活的、灵活的功能性知识。

第二，实践知识是指教师根据自己的经历对现成知识进行积极的阐释、修正和深化，从而获得的一种综合的知识。

第三，实践知识是基于教师经历而产生的、具有人格特征的知识。

第四，教师实践知识主要产生于特定的教师、教材和学生，是作为案例知识进行传承和积累的一种知识。

第五，实践性知识是一种非显性知识，是一种不自觉使用的知识，具备"隐性知识"的功能。

另外，实践知识对教师的专业发展有重要的影响，因此，教师应注重对于实践知识的积累。一般情况下，教师的实践知识都是从实践活动中获取和提炼的。但是，我国在对教师进行职前培训时，更多的是重视对教师传授理论知识，而很少给予教师进行实际教学操作的机会，这就造成了在职前培训阶段，教师不知道如何有效地将理论知识与实践相结合，应用于实践教学。为此，教师在进入职期后，就需要特别重视获得和积累实践性知识。

2. 入职期是教师学习和掌握教学能力的重要时期

教师要想实现专业发展，必须不断提高自己的教学能力。教师的教学能力是其顺利完成教学任务不可或缺的影响因素。同时，教师的教学能力涉及的内容很多，如教学组织和设计的能力、教学的演示与板书的能力、与人沟通的能力、处理学生之间矛盾的能力、自我完善与发展的能力、语言表达能力、信息的组织和转换能力、教育教学的科研能力、创新能力等。

对于教师来说，尽管在中小学时期和职前师范教育阶段就已经形成了教师应该具备的基本能力，但是，与教学有关的各种特殊能力是在之后的教育教学工作中形成和获得的。以上这些能力，有的教师会在任教初期，在教学课堂中接受一些专业准备或者帮助的时候获得；有的教师在自己的实践经历以及教学失败实践中获得。初任教师是否能够在新的岗位上完成自己的教学能力建设，对初任教师的教学效果乃至其在新的教学环境中能否"适应""生存"都有着重要的意义。为此，应加强对初任教师的培养，使其在初任教师任职期间具备较高的教学素质和教学能力。

（四）入职期是教师专业发展模式形成的重要时期

在入职期间，初任教师的专业表现以及他是否能够成功地度过入职期，不仅对他的职业倾向和职业持久性产生了深刻影响，还对他整个职业生涯的专业发展模式产生了重要影响，进而决定了他最后会变成一名什么样的教师。因此，必须高度重视教师的入职期，并帮助其顺利地度过这一时期。

（五）入职期是初任教师步入成人期的重要阶段

从成人发展理论的角度来说，初任教师在入职期间正处在进入成人世界的初期这一关键时期，对于这个阶段的教师来说，一方面需要切断脱离父母之后的经济与心理依赖，承担起完全的成人责任，扮演好成人的角色；另一方面还需要积极投入到全新的环境之中，面临选择结婚对戏的多种角色要求，很容易使身心压力增大，从而使自己的专业成长变得异常艰难。由此可知，初任教师的入职期是一个充满危机的发展阶段，如果不能帮助初任教师顺利度过这一阶段，将会对初任教师的学习和发展造成严重损害。

（六）入职期是初任教师形成良好人际关系的重要时期

初任职的教师要面对的是陌生的同伴群体，一旦教师不能很好地发展亲密的伙伴关系，那么在之后的教育教学生涯中就会感到很孤单，也会产生疏离感，会导致与其他教师的关系变得不自然和僵硬，很难进行情感上的沟通和交流。这会对初任教师的身心健康发展造成不利的影响，还会影响团队教学活动等的顺利开展。因此，必须要帮助教师在入职期与同伴建立相互尊重、相互信任、相互协助、相互支持的关系。

二、教师入职教育的目标

教师的发展过程具有连续性和动态性，是一个连贯的职业生涯过程，这个过程也是一个具备阶段性特点的过程。换句话说，在不同的发展阶段，教师的专业发展需求和特征也会不同。在教师专业发展进程中，入职期是一个非常重要的环节。教师在这一阶段所遇到的专业发展问题要比其他阶段更多、更复杂、更困难。因此，学校和相关机构必须高度重视教师在入职期的发展需求，开展好入职教育，以便为教师日后的教学生涯奠定扎实的发展基础。

（一）教师入职教育的含义

教师入职教育既不同于教师职前教育，也不同于教师职后教育，是一个过渡环节，是职前教育与职后教育的过渡，这一时期一般来说与教师最初几年的教学步伐一致。

不同的学者对于教师入职教育的定义有着不同的看法。根据学界关于教师入职教育的界定进行分析可以得出，教师入职教育包含以下几点要义：

第一，初任教师是教师入职教育的对象。

第二，教师入职教育是有一定时限的，多为1~3年。

第三，教师入职教育是一种有计划的教育。

第四，教师入职教育是一种系统性的教育。

第五，教师入职教育最主要的内容是为初任教师提供帮助。

第六，教师入职教育的主要目的是发展初任教师的专业能力，增强初任教师的教学自信心，辅助教师尽快进入教师这个角色之中，为教师之后的专业化发展奠定基础。

（二）教师入职教育的目标

教师入职教育的开展并不是盲目的，而是以实现一定的目标为指引的。但是，关于教师入职教育的目标，不同的学者有着不同的观点。我国学界目前较为认同的教师入职教育的目标，具体包括以下几方面的内容：

第一，初级教师的职业生涯，为初级教师提供了一条有效的途径——从职前师范教育到有效专业实践。

第二，为初任教师提供长远专业发展的基础。

第三，保障初任教师第一年的授课质量，为其提供支持。

第四，协助初任教师向学生展现自己的教学技巧，提升初任教师的教育教学水平和成效。

第五，丰富初任教师的专业知识，提高初任教师的教学能力。

三、教师入职培训实践的主要形式

在开展教师入职教育时，要想取得良好的成效，必须采用多样化的形式。就当前来说，教师入职教育可以采用的形式有以下几个：

（一）教学指导

在进行教师的入职教育时，最常用和最有效的方式就是教学指导。这里的教学指导形式主要指的是为初任教师安排有经验的教师作为指导教师。有经验的教师与初任教师结成对子，进行一对一的帮助与指导，实现传、帮、带的传授，帮助初任教师对课堂技巧进行熟练掌握，并指导他们把自己所学到的知识和技能应用到教学中去。

（二）集中培训

教师入职教育的集中培训形式，是指组织初任教师在入职期内进行脱产集中学习。就初任教师集中培训的时间而言，短则几天，长则1~2年。初任教师集中培训的内容主要是针对初任教师，培养其具备教师应该具备的专业思想、态度和职业道德等，对初任教师的教育教学进行具体的指导，同时调整教师的心理。

在教师入职教育中采用这种形式，一是可以集中培训的时间，方便初任教师进行深入研究和学习，可以达到较好的培训效果；二是能够保证培训内容正规，即按国家对初任教师的要求来进行培训。

需要特别注意的一点是，入职教育的全部并非是对初任教师进行集中一段时间的培训，在入职期间集中培训之外的时间也应该积极向初任教师提供相应的帮助和支持。

（三）合作指导

所谓的教师入职教育的合作指导形式，主要指的是由地方教育管理部门、教师教育机构和中小学校联合起来，组成一个指导小组，向初任教师提供教学支持和帮助。

在教师入职教育中运用这一形式时，要想取得良好的成效应特别注意以下几个方面：

第一，指导小组的成员不仅包含学区的督导人员以及学校的校长或者副校长，还应该包含一些具备一定教学经验的教师或者是教师教育学院的教授。

第二，指导小组的成员应该多多参与初任教师的课堂，综合考察和考虑初任教师的教学情况，以及其所具备的综合素质，并与初任教师进行积极的沟通，帮助初任教师在之后的教育教学过程中提高教学能力和水平。

第三，指导小组需要定期召开小组会议，初任教师应该参与其中。会议主要就初任教师的专业发展需求与出现的问题进行讨论，为初任教师提供一个有效的矫正反馈信息，探讨和提高初任教师的教学策略。

（四）学校教学中心

教师入职教育的学校教学中心形式，指的是将某些理想的学校，用作初任教师参观和尝试教学的特殊场所，在资深教师和大学教授的带领下，在他们的指导下让初任教师展开教学活动。将该模式应用于教师入职教育培训，可使初任教师随时向老教师、大学教授提问，并获得他们的及时答复。

（五）研修

研修指的是以研究问题的方式开展初任教师入职教育，目的有以下几个：

第一，帮助初任教师有效解决在教育教学中遇到的实际问题，从而在解决问题的过程中确保初任教师的教育教学活动能够顺利开展。

第二，促进初任教师的教育教学能力的提高，帮助其学会如何制订教学计划、编写教案、处理教材内容、管理班级、对学生进行道德教育和保健安全指导等。

第三，培养初任教师的职业使命感，提高初任教师的综合素质。

（六）网络支持

随着互联网和信息技术的迅速发展，网络支持成为开展教师入职教育的一种新形式。这种教师入职教育的形式指的是，教师教育机构和地方教育管理部门可建立旨在帮助初任教师的入职教育网站，开设政策法规问题咨询、信息服务等栏目，初任教师只要登录该网站，就可以获得相关的信息和帮助。同时，初任教师在网站上可以与其他初任教师一起共同探讨问题。在当前，这种教师入职教育的形式得到了越来越广泛的运用。

第三节 教师职后培训实践

目前，我国对教师的职后培养的重视程度相较教师职前教育的重视程度要低一些。实际上，职后教育可以持续提高教师的专业素质，推动教师持续充实自身的教育技能，让教师在教育教学工作中取得长足的进步，为国家培养优秀的人才。加强教师的职后教育十分重要，本章将对这部分内容进行分析。

一、教师职后培训实践的意义

（一）教师专业化发展的需要

教育教学工作是一项集理论性、知识性、实践性和经验性于一身的工作，这就决定了教育教学能力提高是一个相当长、需要不断学习、不断接受教育的过程，这就要求教师注重专业化发展，并不断学习，否则在教育过程中可能出现教学素养跟不上时代发展的情况。因此，教师应坚持不断学习、不断接受教育。职后教育是教师进入教师岗位一段时间后对其进行的继续教育，并不是对少数不合格教师才有价值和意义,而是一种达标、合格教育,对每位教师来说都具有重要的意义,是教师专业化发展的需要。

(二)社会发展的需要

20世纪90年代以后,随着科学技术的快速发展,知识总量迅速增加,经济和社会生活发生剧烈变化,不仅对个人的生存和发展提出了挑战,还使终身学习成为社会共识。对于任何一个职业而言,仅靠职前教育已经不能适应知识爆炸和社会对教师职业的挑战。

一方面,由于网络信息技术的快速发展,人们进行信息传递的手段已经发生了变化,越来越多的个体选择通过互联网来传递信息,这种多对多的信息传递模式使得信息被广泛传播,进而增加了个体对知识的了解。学生也可以通过网络获得教育教学之外的其他各类信息,从而对教师的知识传授地位提出挑战。如果教师依然保持传统的观念,不积极进取,不参加职后教育,则很有可能会因知识储备不足而被抛在时代的后面,无法满足学生的信息需求,自然也无法做好教育教学工作。

另一方面,网络时代的快速发展使得教师的角色随之发生变化。现代社会的复杂性空前提高,人们在社会中遇到的问题也是前所未有的复杂,学校虽然依然能给学生提供相对单纯的"象牙塔"环境,但手机网络、学校教育社会化程度的提高、人们思想观念的改变等,也对学生的社会生活产生了重要影响。在这种情况下,教师需要在关心学生学习成绩的基础上关注网络时代下学生的心理状况和生活环境问题等,这些问题会对学生的日常学习和生活产生影响,教师必须对其予以关注,只有这样才能切实做好学生的教育工作,也只有这样才能适应现代社会的需求。而这些问题的产生都是随着社会的发展而不断出现的,教师只有积极接受职后教育,不断增进对学生和对社会发展的认知,才能不断发展自我、提高自我,也只有这样才能适应现代社会对教师职业的要求。

(三)教师教育改革的需要

随着各国教育改革的蓬勃开展,"教师素质是教育改革与发展的关键"已经成为世界各国的共识。世界各国都在进行着教育的改革,都期望通过教育的改革来促进社会和经济的发展。而这一切都离不开教师素质的提高，离不开教师职后的学习和培训。

世界各国均在推动教师教育改革，我国自然也不例外。在我国，国家越来越重视教育改革的实施。作为国家教育改革的重要实施者，教师的素质高低会直接影响教育改革实施的效果。因此，我国也十分重视教师教育改革，意在通过改革教师教育来不断发展师资力量，推动教育改革的实施。教师教育改革在实施的过程中，除了要求不断提高教师的各项素养、更新教师教育观念，还十分重视教师的继续教育，即通过职后教育来提高教师的各项素养，使其能跟得上时代发展的步伐。

二、教师职后培训实践的开展策略

从教师个体的专业化发展需求看，职后教育不仅要满足他们的学历教育需求，更要满足他们以新理念、新知识和新技能为主要内容的业务提高需求；不仅要帮助他们更新知识与观念、提高技能与能力，还要增强他们的科研、创新的意识和能力。具体来看，在专业化发展进程中，开展教师职后教育可从以下几个方面着手：

（一）完善教师继续教育制度

继续教育是面向学校教学以后所有社会成员特别是成人的教学活动，是终身学习系统的主要组成部分。它是教学安排依据社会和大众需要展开的以使受教育者更新知识、增强创新能力和个人素质、提高社会成员受教育水平为意图的教学活动。教师以教书育人为本，这一职责不仅要求教师要有丰富的知识和德行修养，还要求教师紧随时代发展的步伐，具备先进的文化素养。因而，教师必须时时更新自己的知识，不断充实和补充职业发展最新成果，这是教师完成自己的使命，获得专业发展的必然要求也是教师职业化的重要内容。

在教育改革不断深化、教育质量不断提高的情况下，在我国教育改革进程中，一个迫切需要解决的问题就是教师继续教育的组织和实施，以便推动教师的专业发展，提高教师队伍的整体素质，促进教育质量的提高。

近几年来，国家对教师继续教育的关注日益增加，但要使教师继续教育得以推动，还需要不断完善教师继续教育的制度。

对教师继续教育制度的完善需要具体从以下几个方面入手：

第一，应该树立起教师发展是学校可持续发展的核心竞争力的核心观念，将提高教师队伍的整体素质作为核心目标和中心任务，将培养骨干教师作为重点，将促进教师专业发展作为教师继续教育的主线，在学科带头人以及骨干教师的培养力度上应该有所加大。

第二，对于在职教育的继续教育工作，相关部门应该高度重视，对此，各级政府的教育行政部门应该针对本地区的情况成立"教师继续教育工作领导小组"，对教师继续教育的方案以及计划进行科学、合理地制订，同时，加大财政投入力度，形成一套长期的在职教师的继续教育制度。

第三，明确了培养对象的学校领导是培养对象继续教育的"第一责任人"。在对校长政绩考核的时候以及对学校的办学水平进行评价的时候，引入学校继续教育管理方面的考量，切实将各项工作落实到位——责任到人、目标到人、奖惩到人。

第四，进行分层次的定期培训制度，针对不同层次的教师展开不同类型的继续教育培训，按学历、职称、年龄、教龄，对各级各类教师实施分级、分阶段的培训。

第五，要科学地安排培训的课程，合理地确定授课教师，使学员在训练中能学到更多的东西，从而真正地提升培训的水平和质量；学校要对参加培训的老师进行选拔，确保每一个人都有机会参加培训。

第六，为了缩短城乡之间的差距，教师的继续教育应该向乡村教师倾斜，如让乡村教师去城市里的知名学校，跟随优秀的老师，在课堂上学习教学的技巧和技巧，在教学的细节中，体味指导教师的教学理念、教学技巧，主动对自己教学中的不足之处进行反思，并对自己的教学能力进行分析。

（二）开展多种形式的教师职后教育活动

从我国教师职后教育的情况来看，长期以来教师参与的职后教育活动都是统一制定的、单一式教育活动，但事实上，教师职后教育的需求各不相同，已有的教育活动不可能满足不同层次教师的需求，这就要根据他们的不同情况提供多元化的职后教育活动，以满足他们多样化的需求。面对"多样化"的培训诉求，教师职后教育组织者可按照具体培训对象的需求，研发项目、定制课程、设计活动；教学内容、教学方法和组织形式要以工作需要为导向，为教师提供学校教学改革发展中所需要的内容，服务于学生专业生涯的持续发展，为他们的素质提升提供"增值"服务。具体来看，在实践过程中，应从校园实践情况和战略展开需求出发，依据教师职业岗位的实践需求和教师队伍的实践情况，以及各类人员的改变等特点，进行不同层次的教学和培育，在训练内容上做到"缺什么提高什么，需要什么学习什么"，学以致用、学用联系。例如，对于教师培训的内容和形式，就应该根据教师的特点和所面对的主要问题进行有针对性地选择和设计。

（三）完善职后教育管理机制，建立教师职后教育质量确保体系

教学行政部门应从教师专业展开以及全部教学工作展开的高度去认知教师职后教育的重要性，重视教师职后教育的准则建造。只有建立健全有用的运行机制，才能使这项作业继续持续进行。为此，应改变职后教育的运行机制，使职后教育的管理体系和管理机制不断地展开和完善。在法令、方针、经济、激励机制等方面，清晰政府在教师职后教育中的责任。同时，树立教师教学质量确保体系，包含树立教师资格认证考试和教师资格证书准则，对教师教学的培育者和训练者实施资格认证准则，树立专业培育和训练的规范，加强证书颁布的质量监控。教师的职后教育或在职训练应当理解为是对教师的资格认证更新的进程的训练，而不仅仅是一种学历进步的进程训练。

（四）根据教师发展阶段采取不同措施促进教师成长

教师从教生涯是由入职、熟悉、适应、发展和衰退几个阶段构成的，每个阶段都独具特点，只有结合这些特点进行教师的职后教育，才能取得较好的效果。教师在职业生涯中会经历新手阶段、胜任阶段、熟练阶段和专家阶段。

1. 新手阶段

新手阶段是指教师刚入职的 2~3 年。在这一时期，教师积累了一定的经验使教学能够超越前一时期，但其工作经验仍显不足，对于突出事件往往束手无策，容易坚守原则而犯教条主义的错误，缺乏灵活性。

2. 胜任阶段

胜任阶段是指教师经过前一阶段的积累，掌握了教育教学的基本规范并能胜

任具体的教育教学活动，从而能够更加投入地从事教育教学工作，并有了进一步发展的内在需求。

3. 熟练阶段

熟练阶段大约为教师从业的第五年。在这一时期，教师虽对教学情境已有了直觉感受，并能够运用这种直觉感受处理具体问题和对新的教学情境进行有效的预测，但需进一步提高预测的准确性，并将经验向理论提升。

4. 专家阶段

专家阶段在教师从业 10 年以后。在这一时期，教师已经有了丰富的教学经验和教育知识，并在长年累月的教育教学活动中掌握了丰富的教育手段和教学方法，能结合学生的特点调控教学活动以获得最优的教学效果。但是，在这一时期，他们也面临教育观念老化、僵化以及教学方法陈旧等问题，需要紧跟时代发展不断更新教育理念。从这些分析中可以看出，在不同的阶段，教师面临的问题是不同的，只有结合这些不同的特点开展教师职后教育，才能取得良好的教育效果。

三、教师职后培训实践的主要形式——校本培训

校本培训是一种以学校为载体，作为培训基地，把教师作为主要的培训对象，通过对校内、校外培训资源的充分利用，组织教师在岗位上进行研究、学习的一种开放性的、满足学校和教师的发展目标和需求的培训活动。它是教师职后教育最典型的一种形式。本节主要对校本培训进行分析。

（一）校本培训的内涵

要想理解校本培训，首先要知道什么是校本。校本可以理解为以校为本。校本有三层含义，即为了学校、基于学校和在学校中。为了学校，意味着学校应该成为发展的基础和核心，学校所采取的所有的改革措施和办学措施都应该服务于本学校的发展，以促进教育对象的发展为最终目的。为了学校，主要是以解决学校存在或即将出现的问题为对象。基于学校，是指教育改革的主阵地是学校。要从学校的实际出发，组织开展各种教学与培训，以及各类研究与课程建设、改革等，以推动教师的发展。在学校中，是指学校改革与发展的问题需要经过学校中的教育实践者主体，即"教师"来完成，需要通过教师集体研究、讨论、分析来

解决，形成的措施和方案需要在学校中进行检验、实践和运用，挖掘全体教师的创造潜能，让教师真正参与和主导教育改革全过程。

校本培训是教师专业可持续发展的有效途径之一。教师素质的提高绝不是单一地通过组织培训就可以实现的，必须建立一种能够不断激发教师内在发展动力的发展性培训机制和手段。校本培训就是这样一种手段，主要依托教育行政部门、教师培训机构的规划，主要由中小学校长进行组织和领导，由教师任职学校自主开展，与学校的工作实际紧密结合，以此来提高学校的教育教学质量和水平，提高学校的办学效益，以此来促进教师的专业发展，是一种教师在职培训。

与传统的教师培训相比，校本培训有所不同。首先，在传统的培训中，规划和管理一般都是由教育行政部门负责的，是在校外培训机构中进行的，教师只接受培训，并没有参与规划和管理的主动权。教师是校本培训的主要组织者，校本培训的主要培训内容的设计主要是根据教师的需要以及内部的需要进行的。培训活动多在校内进行，教师无须离开工作岗位就可接受培训，使培训工作和教学工作有机地结合了起来。其次，传统的教师培训存在着工学之间的矛盾，这就决定了这种培训只能是在短时间内进行的或"充电式"的。校本培训克服了传统培训中的工学矛盾，可以将培训活动纳入全年的学校方案中，指定专人对此进行负责策划、执行工作和评估工作，以此来完成系统的规划，实现连续的培训。最后，对于传统的培训活动来说，其主要的规划主要面向全体的教师，主要是针对集中培训来设计的，这就导致很多的培训工作是大而化之，流于形式，很难满足不同情况下的培训教师和学校的需求。与之相反，校本培训是一种个性化的、具有针对性的培训方式，其主要的培训活动会以学校和教师的实际需要为出发点，因此，其主要满足的并非是教师的一般需求，而是教师与学校的个性化需求，这对教师的职业发展是极其有利的。

（二）校本培训的取向

校本培训的取向主要探讨的是"培训什么"的问题，一般将其归纳为以下几方面：

1. 校本培训的思路取向

教师的专业化发展是一个民族教育发展的趋势，也是一个国家教育水平不断提升的标志。在这个层次上，师资队伍素质水平的高低直接关系到教育强国战略实施的效果。在实际工作中，一些教师的教育观念是僵化的，他们的知识结构单一，创新精神和创新能力不足。这就需要运用校本培训改变他们的观念，让他们意识到继续教育的重要性。具体可从以下几个方面入手：

（1）变革教育观念

在教育改革的推动下，教师正逐步由"独奏者"向"伴奏者"的角色转变，由以"教"为中心向以"学"为中心转变，在学习上由继承性转变为创新性。在此过程中，学生是主动的、充满活力的。教师要善于创造一个情境，为学生提供材料和线索，营造启发诱导的环境，引导学生观察和思考，并在活动中探索和发现。从这个角度上来说，在现阶段的教师培训的过程中，教育的出发点应该是让受教育的教师"学会学习"和"学会做事"，改变受教育者原有的教育观，树立起全新的、具有创造性的教育观，要树立一种敢于开拓创新的创新意识，要树立正确的、与时俱进的"学生观""人才观"，要积极培养教师具备敢于探索、敢于挑战的精神，在教育教学的过程和理念中融入创新教育，建立一种全新的现代化、开放性的教育理念。

（2）调整教师的培养目标

教师应不断调整培养目标，在实际的教育教学的过程中，一方面注重学生的智育教育，另一方面注重培养学生的创新精神，进行整体化的知识教育，实现智力与非智力的协调发展。此外，应该贯彻落实全面发展的思想。随着时间的推移，教师学历合格率不断提高，身处知识经济时代对未来的人才提出了更高的和更新的要求，这就要求教师培训改变"弥补智能结构的缺陷，加强智能结构的薄弱环节"，将重心转移到促进教师的全面发展的角度上。

（3）课程与教学改革

校本培训最终是以促进教师的专业发展为己任的，十分重视对教师求知过程、求知方法的反思性培训；也就是说，校本培训大都十分重视教师的教育教学实践能力和教育教学反思能力，这就使传统的教师教育从过去的只重视培训教师的教育教学能力向重视教师的教育教学能力开发方面转变，这也在很大程度上使校本培训与教育教学改革联系在了一起，在培训的过程中，需要综合考虑现代教育教学改革的情况需求，以便结合这些特点增强教师的教育教学能力。

2. 校本培训的目标定位取向

从客观形势来看，树立可持续发展的意识，不断提高教师的可持续发展特性已经成为全世界推行教育改革的一个重要内容。我国在开展教师的校本培训时，需要重视这一方面的内容，并结合这一特点，科学定位校本培训的目标取向。具体来看，教师校本培训的目标定位取向可归纳为以下几个方面：

（1）发展教师的专业理论

专业理论的扎实程度直接影响教师的教育教学活动，如果教师的知识结构过分单一，缺乏必要的教育理论知识，必然无法做好相关的教育教学活动。在实践中我们发现，大多数教师通过教师资格考查和相关的职业活动已经掌握了一些教育的专业理论，但是，实际上，他们更多的是依靠自己的课程和教学技巧。在整个的培训过程中，教师既要注重对学科前沿知识、教育理论、教育教学研究方法的更新和扩展，还要不断地学习教学理论和更新教育理念。

（2）发展教师的专业技能

专业化的教师必须具备从事教育教学工作的基本技能和能力。在传统的教育模式中，"以教师为主体"的教育思想将教师在教育中放在了一个"传授者"的地位，教师会根据教育教学的目标和任务，选择自己认为合适的方式，将相关的教育知识传授给学生。在当前的教育教学体系中，课程与教学之间的关系是以对话、交流、合作等为基础的知识建构活动，这意味着教师不再居于教育活动的权威地位。在此过程中，为了提高知识传授的效率，教师必须要认真分析学生的需求和特点，结合学生的特点展开积极、主动的引导活动，这就对教师的专业技能提出更高的要求。同时，时代更迭速度非常快，知识的更新速度也在不断加快。要想与时俱进，教师需要不断提高自己的专业技能。校本培训就是以发展教师的专业技能为重要目标的一项培训活动。

（3）提升教师的职业道德

教师在加快自身素质提高的同时，要重视职业道德的培养。校本培训是一种以推动教师成长和发展为使命的教育活动，这种成长和发展既包含了教师的专业知识与技术的发展，也包含了发展教师的职业道德。在德育培训方面，可以将其实施划分为两个层次：一是提高教师的职业道德素养水平，使教师在思想政治方面形成较高的觉悟，提升教师的道德修养水平，让教师在培训之后可以立足社会发展以及国家教育发展战略的高度来对教育发展方针进行理解和感悟，使得教师的政治责任感不断增强；二是提高受教育教师在实际工作中开展德育工作的水平，使学生可以形成正确的世界观、人生观和价值观，帮助学生养成健康、积极的审美情趣和生活方式，成长为有理想、有道德、有文化和有纪律性的新生代。

3. 校本培训的内容取向

校本培训的内容取向，从根本上来说就是以问题为中心。究其原因，主要有以下几个方面：

第一，随着教师可利用的教育资源的增加，以及对于教育新理念理解程度的增强，在职业发展历程中，教师的学习更多的是建立在已有经验、资源的基础上，以提高职业素养为目的的实践性学习。在教育教学实践中，教师可能越来越多地感受到职业发展的瓶颈，不确定的因素越来越多，学生对知识的需求也越来越复杂，在这种情况下，现代教师在职业发展中面临的压力越来越大。要想在本职业中继续有所作为，教师必须不断更新教育理念，不断丰富知识素养，不断增强教育教学能力。因此，在设计校本培训的内容时，组织者要注意从教师的教育教学实践入手，结合不同时段教师职业发展的困惑和需求以及时代发展的特点，利用各种新兴、有效的方式开展校本培训；在提高教师职业素养的同时，引导他们进行反思，以不断改进和提高他们的教育教学实践。

第二，校本培训不仅要重视教师的职业素养培训，更要重视教师的职业发展，而为了增强教师在教育教学实践中的能力，引导教师更好地参与教育教学实践活动，培训必须立足教师的教育教学实践，要做到这一点就必须回归教师的课堂教学本身，从教师在课堂教学中的实践表现入手，分析教师在课堂中解决问题、讲授知识、组织学生学习等各环节的问题，从而加以总结、提升，以此作为校本培训的内容。另外，通过回归课堂，让教师在具体的课堂教学中，感受、体味、观察自己的教学活动，可以让教师直面自己的教育教学，研究自己在具体的教学情境下哪些方面做得比较少，哪些方面还存在问题。只有这样，才能让教师真切地感受到自我发展的必要，并针对具体存在的问题进行解决，最终实现校本培训的目标。而要回归课堂教学，在校本培训的内容选择上，组织者必须从教师的具体教学实践入手，选择教师在教育教学中的真实问题作为培训内容，开展基于学校问题的研究、基于教育生活的研究、基于课堂教学的研究，将教师在教育过程和课堂教学中出现的问题、产生的困惑作为培训的起点，培训的归宿是问题得以解决。

第三，每个人都有自己的特点和不同的发展需求，教师也是如此。一些教师参加继续教育，都是在有了一定从业经验的基础上进行的，这导致教师的学习与其他从业者的学习有一定的区别，一般称为"行动学习"。行动学习是指通过解决教师在教育教学实践中出现的问题，在教师群体培训的过程中改进和反思教师的教学行为的过程，有效提高教师职后教育的针对性。校本培训就是一种行动学习。考虑到随着社会各界对教育教学的重视程度的增加，教师大多担负着十分繁重的工作，留给教师在职发展的时间较少。因此，在传统的教师职后教育中总是存在这样一组矛盾，即教师的职后教育与其教学实践的矛盾，校本培训将这组矛盾紧密地结合在一起，让教师在教学实践中完成职后教育，既不妨碍教育教学活动，也有利于教师的继续发展。对此，在校本培训的内容选择上，组织者要有意识地进一步开展"以问题为中心"的研究活动。在探究的过程中，指导教师应该一步步将"教学问题"向"课题问题"转换，使教师的"问题意识"向"课题意识"的提升。在培训过程中，找到一些典型问题，如几个有代表性的问题，或者是教师比较感兴趣的问题，推动教师在解决问题方面进行经验的交流，从而让教师更好地理解并掌握进行校本教学研究的方式，让教师能够不断地对教育事件以及在教学过程中出现的问题保持高度的关注，并有意识地对这些问题的解决进行思考，从而将平时遇到的教学问题变成研究的课题。

（三）校本培训的形式探索

通常情况下，校本培训的形式主要有以下几种：

1. 专家指导

在校本培训中，组织者可以根据教师的实际情况，有计划地聘请专家来校开设讲座、开展座谈，以指导教师的教育教学工作。此外，学校可以邀请教育实践专家对教师的教学行为进行现场诊断，帮助教师改进教学方法，提升教育技能。

这种方式以"结对"为组织形式，以诊断和矫正为核心。在专家的指导可以让教师在实践中发现问题，针对问题进行探究，进而提出解决问题的方式和方案。但是，要想取得良好的效果，学校在组织之前要先做好教师的教学活动观察工作，切实了解教师在教育教学实践中存在的问题，这样才能聘请合适的专家。

2. 自修反思

校本培训的效果与教师的自主性、积极性密切相关，若教师能在培训中自觉、主动地学习、更新知识，往往能结合自己的实际需要选择学习内容，培训效果自然较好。在培训的过程中，教师要不断反思，反思自己的教育教学实际，反思自己在培训过程中的得失，这样才能取得较好的培训效果。

3. 研训互动

教师教育教学并不是一项单纯的工作，教师在教学活动中不仅要考虑如何更好地、更有效地将知识传递给学生，而且要从事相应的科研活动，可以说，科研和教学在教育教学中是相辅相成、互相促进的。教学是科研的载体，而科研又能促进交流，传播经验，最终促进教学的发展。特别是现在，在新课程实施的背景下，提高在职教师的科研水平是培训的一项重要任务。研训一体化有助于在增强教师教育教学能力与素养的同时，加强他们的科研能力。在此过程中，学校要注意以下两方面的事项：一是将培训与教研结合起来。学校对各种教学科研活动进行了总体规划，并对各科教学科研活动进行了全过程的协调，把各种教学科研活动纳入培训的总体规划之中，使之成为培训活动的一个有效载体。二是把培训和科研相结合。学校应该对集体和教师个人所承担的教育教学科研客体进行有计划的确定，在课题的研究中，应该紧扣问题和难点，进行有针对性的培训工作。

4. 合作交流

校本培训是群体性活动。教师在进修的过程中，需要学会从他人身上学知识，并结合他人的做法反思自己的教育教学实践。尺有所短，寸有所长，不同的教师在教育教学活动中各有特点，他们有的这方面的知识丰富，有的那方面的能力突出。在校本培训中，这些教师汇聚在一起，可以形成一个庞大的共同进修的环境。

在这个环境中，教师要以真诚开放的心态，与其他教师自然、坦诚地交流经验和观点，分享教学的经验、技能和知识，也可以将自己在教育教学中所遇到的问题进行探讨和交流，将这些问题作为课程资源交流彼此的经验，达到共同进步。此外，在校本培训中，教师共同备课、互相听课和评课等，也可以达到彼此促进的作用。

第六章 教师教育改革发展趋势分析

当今社会,我们面临的是新一轮的机遇和挑战,我们必须要用发展的视角去全方位地认识和把握各领域的变化发展规律和未来趋势。因此,围绕基础教育与教师教育的新需求、新模式和新途径,也相应展开了理论和实践的研究热潮。对教师教育的发展趋势进行了系统深入的分析和探讨。本章将对教师教育改革发展趋势的相关内容进行详细论述,主要从三个方面进行阐述,分别是教师教育改革发展的社会现实背景、发达国家教师教育改革的主要趋势和我国教师教育改革与发展趋势。

第一节 教师教育改革发展的社会现实背景

一、教师教育改革发展的社会现实需求

当前,科学技术的飞速发展,在科技领域尤其是新发现、新创造、新技术、新产品的不断涌现,使得人们在不断探索自然的奥秘的过程中,认识自然、利用自然、改造自然的能力得到了极大的提升。在新科技革命背景下,在新一轮的人力资源开发和竞争中有了更高的要求。

在社会政治多极化、区域化的今天,在世界经济一体化、知识化的当下,以及在社会文化的多元化与个性化的时代,一方面,教育作为政治、经济和文化建设的基础工程,正表现出一种全球化、信息化、高质量、素质化的发展趋势。另一方面,在现实生活中,由于受到道德滑坡、物欲横流、精神颓废等社会问题的干扰,教育事业受到了严重的影响。这种巨大的变化将会渗入社会的每一个角落,

并对每个人产生影响,对社会群体产生深刻影响。从教育的角度来看,如何培养出具有时代特色、高质量的人才是人们关心的焦点,而教师教育则是这类人才的摇篮,它将承受着社会带来的巨大压力,并被寄予厚望。教师教育在社会的变化与科学技术的发展背景下,面临着全新的挑战。

二、教师教育发展的内在需要

(一)高等教育大众化将为教师教育的开放性创造前提条件

在我国高等教育规模较小、高校毕业生数量不足的情况下,特别是在计划经济体制下,我国高等教育所具备的专业教育特点十分突出,学生从入学开始就具有明确的职业定向。在此基础上,不管是何产业,不管是哪个学科和社会事业都想要"预分一块蛋糕",以便培育自己需要的人才。自改革开放以来,我国的高等教育不管是在办学的规模上,还是在办学的水平上都具备了跨越式的发展。大学在不断扩招,更多的大学生想要成为一名优秀的教师。传统的师范教育肩负着为民族、为社会、为人类的未来提供高素质人才的使命,既有确定培养任务的功能,又有定向任务的功能,对人才的发展有着巨大的贡献。但是,随着高等教育的普及,人们的职业定向时间发生了变化,他们不愿过早地确立自己的终身职业;与此同时,社会也没有为他们提供职业岗位的绝对空位。这就导致在大众化的高等教育中,"素质教育"的特点越来越明显,"专业教育"的特点越来越模糊。在这样的情况下,师范生的特性越来越不清晰,他们已经没有了教师所特有的优势和特点,与此同时,也不存在他们垄断教育行业的就业市场的情况,不管是师范还是非师范院校的毕业生,都可以通过个性化的从师教育、学生的自主选择、学生的个性发掘,来成为最合适从事教师这一职业的人才。师范生也可以自己重新选择喜欢的职业或者是在一生中进行多次的职业选择的条件,在大众化的背景下,高校为社会提供了更多的人才,这种供需关系的改变让教育界不再需要从"计划内"的师范生中招聘教师。高校拥有了更广阔的选择余地,能够将具有各种学科背景和学习经历的优秀人才聚集到教师队伍中来,这样就能极大地提升教师的质量。伴随着教师的社会地位的提高,以及教师社会声誉和待遇的提升,教师职业已经变成了令人羡慕的职业之一。借助教师教育使得更多优秀的人才聚集在一起,这种客观条件已经形成，也使得教育系统和社会系统中的人才流动更加活跃。借助吐故纳新，教师队伍始终保持着持久的生命力，师资力量越来越强。

（二）时代对教师的终身学习提出客观要求

现在随着知识总量的快速增长，知识更新的速度越来越快，人们最为基本的要求就是终身学习，对于教师来说，这种要求越来越高。教师要进行终身教育，其重要的基地就是教师教育，这也成为教师在知识的汪洋中遨游的"加油站"。在知识时代，信息的传递方式会发生翻天覆地的变化。这就意味着，教学方法会出现变革，教育媒体也会出现变化，教师的学习内容不再局限于专业学科领域，对教师的"从师能力"提出了全新的要求。

（三）教育事业的开放性给教师素质的提高提供了内在动力

教育在未来将会是一个开放的体系，但是，开放就意味着有了竞争，竞争就意味着主体有能力提升的要求，这就使得教师教育成为当前的一种需求，而这种需要就需要以开放性的方式来满足。

第一，师资资源的多元化导致教师教育需求呈现出更加多元化的特点，师资力量将由"非师范"类人才进行补充，对于这些人才需要进行从师能力的培训。另外，这类人才还可能存在专业不完全匹配的问题，如一批具有工程、管理、商业或政治等背景的人员加入师资队伍，需要在学科知识上进行必要的补充。师资的流动、师资的引进、新专业的转移等都需要对教师进行相应的培训。

第二，教师素质能力的竞争是因为办学主体的多元化呈现出更加激烈的态势。随着对高校招生规模的逐渐放开，高校之间的竞争将日趋激烈。竞争的重点在于生源方面，而竞争的根本在于教师的水平。同时，学校也会将优质师资的竞争推向优质师资的"毛坯"竞争，对教师的培养不再是一种外在的需要，而是一种内在的要求。教师教育的要求不在乎"标志"，而在于提高素质能力。

第二节　发达国家教师教育改革的主要趋势

20世纪80年代以来，世界上许多国家在"知识社会"和"信息社会"的背景下都对教育进行了重大改革。英、美等国的教师教育改革是在"提高教育质量"

或"提高教育标准"这一主题下展开的。围绕着这一主题，对教师教育的改革力度是前所未有的，关于教师教育改革的政策性文献非常多，各种推动教师教育改革的团体和机构纷纷建立。

一、当代美国教师教育改革趋势

在发达国家改革背景中，美国教师教育改革一直在连环式推进，各教师教育相关专业组织与联邦政府在改革中常常扮演着主推手的角色，成为美国教师教育改革蓝图的设计者和鼓动者。这些组织常常通过发布专业调研报告来把脉美国教师教育问题，提出针对性解决方案，据此直接影响美国各州乃至全国的教师教育政策。可以说，美国联邦及州教育部与教师教育专业组织共同参与了美国教师教育改革。在21世纪，美国北部区域教育实验中心发布了《培养职前教师：国家大事》的政策咨询报告，之后美国教育部颁布了《奥巴马政府教师教育改革与提升计划》政策报告，这为美国之后教师教育的改革提供了一个大致的方向和思路。

（一）确立优质教学的新标准和进行相应的改革

学生应当"学什么"和教师应当"怎样做"才能促进学生的学习，是美国当前教育政策考虑的重点问题。美国政府和各专业教育团体都围绕着提高美国教育质量，在学生应该达到的学业标准制定上，以及教师应该达到的教学标准制定方面投入了非常多的精力。

1. 以学生学业的新标准规范教师的教学

在19世纪80年代上半期，美国就开始了教育改革，主要目的是提高美国的教育质量。美国是一个有着地方分权传统的国家，如果要提高教育质量，就要建立一套针对美国学生的学业标准。因此，美国各州政府以及联邦政府都在积极地制定新的学生学业标准，同时建立起评估体系，以衡量学生是否达到了一个合格的标准，并将新标准的执行情况、评估情况与奖励制度相结合，让学校、学区、学生和教师都陷入了一种"危机"之中，如果不努力，就会受到处罚。虽然仍有诸多问题，但毫无疑问，这一评估制度的出现和落实已经引起了教师的关注和重视，深刻影响了实际的课堂教学。

2. 制定教学专业标准

美国在确立了学生的学业标准的同时，也开始对教师进行职业评价，建立衡量教师是否合格的职业标准。美国各州建立了各自独立的专业标准委员会，对专业教学标准进行了研究和制定。之所以建立一个独立的专业标准委员会，是为了在对专业规范的制订过程中，尽量避免政治竞争和政策变化对专业教学标准的负面影响，从而更具专业性、科学性和稳定性。

在美国，一些具备全国性特点的专业团队和机构在制定教学专业标准的过程中到了很大的作用。美国国家教师教育认证协会（National Council for the Accreditation of Teacher Education，简写为 NCATE）是美国教师教育计划的重要鉴定机构与教师教育认证委员会（Teacher Education Accredieation Council，简写为 TEAC），二者都致力于制定一个新的、更具专业性和契合性的、高水平的教学专业标准。2000 年，"全美教师教育鉴定委员会"的标准正式通过。鉴于此，美国很多州积极让教师培养机构与上述的教育鉴定机构进行积极练习，需要可以获得以上两个机构的专业认证。就目前来说，已有四十多个州与"全美教师教育鉴定委员会"建立了联系，也就是说，各个州可以自行制定标准、综合考虑地方特点，形成了全国教师的专业标准的制定统一趋势。

全美教师教育鉴定委员所颁布的专业标准对合格教师应具备的专业条件进行了明确的规定。主要在以下几个方面对教师有具体的要求：

第一，师范生应该在学科内容知识方面对所任教的学科进行深入研究，依据中小学新的课程标准进行实际的教学，并且可以借助批判、探究、整合的方式对这种知识进行有效表现。

第二，教师在教学内容知识上，需要对所授课程有较深的了解，以此为前提，对所授课程有较强的应用能力，可以有效运用教学方法和相应的技术手段。

第三，师范生在专业及教育学的教学技巧以及知识上，需要对学生的身体、心理发展及学习特性有所了解，以及对学校、家庭及社会环境的背景有所了解。

第四，师范生在专业方面，要与学生、与家庭、与社会的交往中体现出教师的从教性向。

第五，师范生要能够正确地评价、分析学生的学习，能够有效地监控学生的学习，在实际教学中善于调整教学，并且发挥对学生学习的积极作用。

3. 推动以"业绩为本"的教师教育改革

美国的教师教育改革有一个重大的转向，即以"业绩为本"，强调"成果"，而非"输入"，主要的侧重点在教师教育的教学能力的显示方面，而并非是学习者所需学习的课程的数量等方面。美国各州都有相应的政策，以鼓励教师教育机构在此方面的改革。教师教育机构按照以"业绩为本"的标准，应提交一份能够证明应聘的教师候选人所具备的教学能力的业绩证明，如候选人在各级教师教育鉴定或者是评估考试中所取得的成绩。

美国的一些州有明文规定：如果该州的师范生没有通过教师评估的人数达到一定的比例的时候，则该教师教育机构的教育计划就会被取消。在这样的大背景下，很多学院与大学针对自己的教育计划展开了深刻的变革。例如，将学制延长到5年，同时对教学实习进行强化，不仅如此，还加强了对专业学科的学习程度。

4. 改革教师证书和文凭制度

美国各州的政策制定者日益意识到：首先，在培养适应课堂教学的教师方面，传统的教师教育计划没有效果；其次，对于教师应该具备的多种能力，各州所颁发的证书很难进行有效、全面的反映；最后，教师不断提高的专业发展水平和课堂实践能力仍不相适应。针对以上这些问题，很多州通过调整相应的文凭政策，以及对教师证书进行调整进行解决。各州提高教学质量的手段之一就是改变发放证书的条件。

5. 加强教师招聘工作

在美国未来的教育中，师资不足是一个很大的问题。现在，美国学龄儿童的人数越来越多。与此同时，各州当前推行的缩减课堂人数、缩小班级规模的新政策要求聘请更多的教师，这是美国有史以来最大的一次教师需求，是对当前提高教学标准的前提下的教师招聘工作的巨大挑战。

由于师资不足的问题日趋严重，各州都采取了多种方式招聘教师，并想方设法引进有才华的人才，扩大教师来源渠道是其中最常见的方式，如设立替代性证书计划，以吸引在职的其他行业的人才投身教育界。此外还有一些其他措施：一是给教师教育学习者提供一定的奖学金；二是为教师配备助理，让处于中级教师许可证的认证教师成为高级教师许可证的认证教师的助理，同时，让一些已经退休的教师可以在保留各种福利待遇的基础上完成部分时间制的工作；三是提高教师的薪水，让教师这个行业变得更有吸引力；四是激发中学生从事教师职业的积极性等；五是制定互惠性协定，便于教师跨州流动，以达到各州间的学历互认。

6. 吸收、奖励和留用有能力的教师

吸引有才智的人才，并将其留在教师队伍中，这是促使一所学校向新的学术水平迈进的一个关键因素。美国各州都开始大力招募优秀的人才，组建优秀的师资队伍。在这些措施中，吸引和留住优秀教师的一项重要措施是：提高教师的工资水平，对优秀教学成绩的教师给予一定的激励。

教师薪酬偏低已经成为制约高校引进大批优秀教师的一个重要原因。由于当前的教师薪酬标准无法吸引并留住优秀的教师，美国各州在一定程度上改革了全州的教师薪酬，每个学区都有相似的做法。各州在积极雇佣并保留优秀的教师的同时，也在积极地辞退那些不称职的教师。目前，美国各州对教师任期制度进行了反思，并进行了相应的改革。有的人认为应该取消教师的任期制，有的人要求延长。这种做法招致了相当多的反对。反对者指出，新的解雇制度有可能使优秀的教师和不称职的教师都被解雇，并且取消任期制度对教师的雇佣会产生不利的影响。

7. 建立新的教师评估体系

要想让合格的、有能力的教师进入教学领域，必须先用考试来评估和筛选教师的候选人，最常用的方法就是在教师录用之前，在拿到证书之前，对教师学习者进行一次严格的测试，这些评估所包括的都是基础技巧和专业学科知识，这些都是教师能够高效地进行教学所需要的最起码的知识和技巧，这也是这种评估的特色和优点。但是，许多学者都认为，以上评估中的成绩并不能代表教学可以成为一个鲜明的指标。美国的很多州都在积极探索新的教师评估制度，但在教师评估的作用、教师评估的可信度、教师评估的有效度、教师评估的技术质量等方面存在着诸多的问题。

（二）加强教师的职前和初任阶段的培养工作

在对职前教师的培养和初任教师的培养方面，美国各州都采取了一些措施，如制定有关绩效体系的新的教师培训标准、制定替代教师证书的途径、改善初任教师的计划和方案等。

1. 强化对教师培养计划的指导

美国各州的立法机关，由于历史、文化等方面的因素，通常都不会对教师教育计划进行直接的立法干预，主要是以改变教师资格证书、许可证等为手段对教师教育产生影响。根据各州在这一领域所做的以及目前所做的工作措施来说，一般都是鼓励教师教育机构把重点放在"成果"上，而非"输入"上。为了培养出更多的合格的教师，有些州考虑使用过证书发放机制来实现促进。

2. 加强对教师培养计划的鉴定工作

尽管形式不同，但美国各州都有自己的教师教育机构鉴定机制，鉴定的工作一般都是基于"全美教师教育鉴定委员会""全美教师教育和证书州负责人协会"等机构所制定的标准为依据。美国自1998年"高等教育法"出台以来，对于教师培养计划的坚定工作就正式走上了法制的道路。根据这项法律，所有拥有教师教育专业并得到联邦资助的学校，都应每年向联邦政府提交一份关于教师的培养情况和培养质量的报告卡，这些报告卡上记录了：一是教师资格和证书的及格率，二是教师教育专业得到同意或认定，三是学科知识，四是教育实习情况。而且，家长还可以参与教师的考核。

3. 实施一系列的教师初任计划

一名教师执教的前几年是其职业生涯最艰难的时期，即使是一名学历较高的新教师，在这个时期，若没有行政和学校方面足够的管理、支持和引导，就很容易感到沮丧，从而萌生离开的念头。美国是一个高度发达的市场经济国家，人口流动非常频繁，因此为新教师提供必要的帮助和辅导是必然的举措。正是基于这一点，美国加大了对新入职教师的支持力度和辅导力度。在美国，超过半数的初任教师以各种形式加入了一些初任教师计划。但是，在执行质量、资金支持和与教师需求的合适性方面，这些政策并没有做到很好的平衡。对于应该为初任教师提供什么样的支持，人们也有不同的看法。

4. 加强少数民族教师培养项目

创办面向少数民族人员的教师培养项目，提高少数民族教师的比例，促进教师教育公平，是美国职前教师培养的一项重要任务。近年来，为了有效改变其他种族教师比例偏低的现状，美国针对少数民族预备教师举办了大量的培养项目，这值得我们思考和借鉴。

值得关注的是，2011 年，奥巴马政府拨款 4000 万美元支持扩大少数民族服务学院，扩大少数民族教师的职前培养规模。[①]2008 年，议会批准成立了这个中心，但是，该中心没有获得政府的资金支持，如果有资金注入，该中心将为美国少数民族服务学院教师培养项目提供经济支持，为支持其与其他高等教育机构的合作打下经济基础。同时，该中心还将进行相关的改革，以提高经费的使用效率，主要的改革内容包含：一是对候选教师的甄选标准进行提高；二是对于有希望的教师，采取综合的干预措施，以帮助其达到更高的标准；三是重新规划设计项目，以保证项目的基础是具备实践支持的、深入的专业课程；四是采用科学合理的教学方法对候选教师进行培训，并在此基础上提高教学质量，以数据为依托，对课堂实践进行改革；五是与有经验、有效能的本地学区或公益组织合作等。

（三）激励和支持教师的持续专业化发展

教师教育的重要组成之一就是教师的专业化发展。美国对职前以及初任教师的教育进行了重大的变革。在改革的前提条件下，美国在激励和支持教师的持续专业化发展上有了新的理念和新的改革思路，也积极采取了各种有效的措施。

1. 关注教师专业化发展的质量和时限问题

在美国传统上，教师的在职继续教育往往被认为是一个地方学区的事务，因此，不管是在质量方面，还是在时间等方面都有很大的缺陷。虽然在美国几乎所有的公立学校都针对教师开展了一系列的专业化发展活动，但是真正得到有意义的、有所联系的专业化学习经验的却寥寥无几，而由学区组织的在职培训往往只是一种形式上的、一次性的、短期的训练。我们可以认为，这属于研究所证明的无效的专业化发展的学习。不仅如此，美国的很多州也对这两个关键的因素有或多或少的忽视，在对许可证进行更新的要求中，只是规定了学习时间，很少对各种活动的价值类型进行分辨，也就是说，很少对活动的性质与教师专业化发展的

---

① 龙宝新，李贵安. 当代美国教师教育研究 [M]. 西安：陕西师范大学出版总社有限公司，2018

适切性进行分辨。有些学区缺少指导和资金支持，宁愿在教师的专业化发展活动中主要依靠一次性的在职教育或组建教学小组，也不愿采取经研究证明更有成效的、专业化的发展方式。

有些州已认识到这一点，正在努力降低每个学区在专业化发展上出现的不均衡性（数量和质量的不均衡），同时鼓励在专业化发展与以标准为基础的实践之间建立更紧密的关联。在教师的持续专业化发展方面，美国越来越多的州会为其提供相应的资源，或者规范某些形式。在资金的支持方面，主要集中在某一个特定的学科领域的某一个年段中，如小学低年级的阅读或者是中学的数学。除此之外，州政府还为当地的专业化发展规定了具体的主题，并鼓励当地制定综合性的专业发展规划，支持建立教师网络等支撑性结构，尽可能保证专业化发展所需要的时间等。

我们可以认为，美国各州政府以及联邦政府对于教师专业化发展的不断支持，同近年来关于教师教育的研究成果及其所引起的思想变化、观念转变存在紧密的联系。有研究表明，对于教学质量的提高和提升学生的成绩上，教师的专业化发展计划的质量与时限有着非常显著的作用。有研究显示，有效的专业化发展往往与现实中教师在课堂中发生的教学活动有直接联系，并且可以帮助教师对学科内容有一个更加深入、全面的了解。在美国，关于教师持续专业化发展的组织工作也在朝着这个方向前进。

2. 指导和支持学区一级的专业化发展

鉴于学区一级的专业化发展方案没有较高的质量，许多州已尝试在学区一级进行的教师专业化发展活动，并且积极指导新的教师专业化发展活动，并及时给予其财政上的支持保障。很多州都会设立遍布全州的、目的在于实现教师专业化学习的组织机构，教师可以借助多种方式来提高自己的专业技能，学习和深化专业知识，具体活动有：继续深造攻读研究生的课程、在现场接受辅导、成立和组织研究小组、对教学进行监督、积极参与课程的开发、对知道教师的教学视频进行观察和学习、对模范教学进行观察学习、借助互联网与其他专业人士进行专业方面的交流等。很多州为了促进更加有效的专业化发展政策的落实，为各学区组织的专业化发展活动制定了具体的目标。当前，各个学区依旧具备很大的自主权，但是，在教师专业化发展的组织方面，州的影响力在学区一级的专业化发展组织工作方面有着越来越大的影响力。

3. 鼓励多种方式的教师专业化发展内容安排

在美国，为了促进教师的持续专业化发展，存在两种不同的做法。一部分州倾向于按照特定问题来组织教师教育，如为了解决学生药物滥用和酗酒问题，学校专门对教师组织培训。尽管这种组织学习的方式目的性很明确，有利于改进教学实践中的特定问题，但这种针对分散性的问题组织学习教师学习，难以形成教师持续专业化发展的连续性，在帮助教师增进学科知识和教学技能上也存在着不足。还有一些州则倾向于用更全面的视角来对待教师的专业化发展，对教师的专业化发展和特定学科支持系统的长远发展更为关注。

（四）改善教师工作环境

教师要开展高品质的教育，实现高质量的教育教学活动，必须要有一个好的工作环境作为保证，这个工作环境至少应该包含以下几个因素：一是团结协作的同伴，二是为教师提供工作支持的领导，三是教学所需要的进行反思和决策的时间，四是获取资源的途径和建议，五是合理的工作任务。美国对教师的工作环境的改善，主要有如下几点措施：

1. 支持地方改善学校工作环境

在美国，教师工作环境的形成主要受到以下直接因素的影响：地方学校董事会与教师集体的谈判协约，而联邦政府和州政府通常没有直接的强制性规定。但是，随着近年来各州越来越重视教育质量，教师的教学质量的发挥深受学校的工作环境的影响，所以，无论是联邦政府还是州政府都开始重视这一问题。一些州已出台了一些措施鼓励教师之间的协作，实现团队的发展；一些州已提供资源用于校本专业化发展；还一些州已制定了一些政策，赋予了学校更多的自主权，使它们可以在州的领导下对工作环境进行自行设计。

2. 实行特许学校立法

美国特许学校的出现是由多种因素共同作用的结果，它的发展是非常迅速的。通过对特许权学校进行立法，使得学校的竞争更加激烈，因为当地和州政府的管制也变得更加松散，更多的责任落在了提高学生学习成绩上。人们所期望的，设立特许学校的一个副作用就是，它能够改善教师的工作环境，如教师可以拥有相较之前更多的专业自主权，可以享受更好的经济待遇等。但是，对于特许学校是否能够达到预期的目的，仍然存在着很大的争议。

二、当代德国教师教育改革趋势

教师是国家教育系统中不可缺少的一部分，是一项神圣的职业，因此，在整个教育体制的发展和推动中，教师教育系统的发展和改革是必不可少的。从20世纪90年代开始，德国教师教育伴随整体教育体制改革，特别是大学教育体制改革进行了同步改革。其中，有四方面改革与教师教育密切相关：一是大学中设立教师教育系部；二是大学学位制度改革，主要是引入本科—硕士的学位结构；三是基于能力的教师教育课程设置；四是教师培训周期缩短。

（一）大学中设立教师教育系部

在大学中引入教师教育，其初衷是让教师教育更加科学化，可以在大学中让未来的教师系统地学习科学知识，培养他们的学科教学能力。教师教育大学化所具备的优点也是其缺点，主要因为大学院系的设置结构问题。在德国，现代大学是一个非常严密的组织结构和体系，主要是按照学科进行院系的设置和划分，普通的大学生会被划分到不同的院系，主要会根据其学科专业进行划分。但是，教师教育的课程设置却呈现出多学科交叉的跨学科特点，这些学生不得不在不同的院系学习不同的课程，而这些院系又往往不对教师教育负有直接责任。这些院系更愿意将培养学术人才看作他们的职责，因为培养学术人才更易赢得学术声誉，教师教育在大学看来更像是一种社会服务。另一个缺陷是学科教学法的界限不清，学科教学法既可以归到各相关学科，又可以置于教育科学中，指向性不明。

为了克服这样的弊端，一些大学陆续设立教师教育系部。新成立的教师教育系部，以矩阵为单位，把原先各自为政、分散独立的各系部进行整合，主要以未来教师培养的协同任务目标为依据。对于这些协同任务的目标主要为以下几个方面：

第一，不同院系需要对教师教育的课程及课时安排进行协同制定，以保证即使学习表现不理想的学生也能够至少在两个不同的院系学习。

第二，教师教育的系部可以承担中小学教学的实证研究。这些实证研究，一方面可以作为未来教师的"科学之家"，为教师提供理论指导；另一方面可以将这些研究整合到相关学科的教学法中。

第三，教师教育系部是衔接教师教育两阶段的实体，解决了两阶段教育的脱节问题。

第四，大学中的教师教育系部可以为当地中小学提供咨询服务，将教师教育的功能拓展到大学之外。

（二）本科—硕士的学位结构

1999年，欧盟各国教育部长在意大利博洛尼亚共同提出欧洲高等教育改革计划，即博洛尼亚进程，制定了《博洛尼亚宣言》。2009年，各签约国统一了本科和硕士两段连贯结构，同时启动了学分转换互认系统，以加强学生在欧盟各国间的流动交换学习，旨在建立与英语国家相同的以本科和硕士为基础的高等教育体系，这也是欧盟高等教育历史上第一次提出加强硕士学位课程教育。这种本科—硕士结构一般开设3年（6个学期）的本科课程，学生在毕业后可以选择进入劳动力市场或继续进入硕士阶段学习。硕士阶段的年限为2年（4个学期），接收已完成本科阶段学习欲进入科学工作者行列或者专门职业领域（如医生、律师、工程师等）成绩优秀的学生。

德国教师教育的学位结构也遵照了博洛尼亚进程。对于教师教育而言，这种结构的优点在于它的高度灵活性，允许不同类别教师连续性地分流。德国教师教育的本科—硕士结构大致可以细分为三种类型。第一种类型，本科—硕士一贯制。在这种模式里，未来欲成为教师的学生在本科阶段主要学习日后要教授的学科知识和相应的教学法，而教育理论归到硕士阶段学习。这一模式的优点是，学生不用急于决定要不要在本科毕业后就选择教师行业，也可以深化所学专业的知识以便将来成为教师，或者申请其他相关专业的硕士课程以便将来成为科学工作者。这种模式为学生的工作选择提供了多种可能性。第二种和第三种类型要求学生在进入本科阶段学习之初就要确定自己将来从事教师职业，这两种模式下的课程从一开始就注重教学法和教育理论的讲授。当然，这两种模式之间也有细微的差别，主要体现在学习将来教授的第二科目的时间上。一种模式是在本科阶段学习一门学科，硕士阶段学习另外一门学科；另一种模式是在本科和硕士阶段平行学习两门课程。由于新的本科—硕士结构中增加了教育理论和教学法的比重,对于原来德国教师教育中作为重要课程组成部分的哲学、历史、社会领域的课程便进行了削减。

(三)基于能力的教师教育课程设置

上面提到的两项改革是从组织结构上促进教师教育发展,而第三项改革,即基于能力的教师教育课程设置,是从教师教育的内容上进行改革。德国大学的教师教育专业在很长时期内没有固定的必修课程,这就为各个联邦州在统一和比较教师考录的尺度上设置了障碍。鉴于此,德国教育学学会在2000年通过了一项关于教师教育课程内容的议案。这份议案对大学阶段的教师教育做了建议性指导,对本科和硕士阶段的课程设置提出纲领性要求。

在本科阶段,学生须在将来所教授的两门学科上修满120学分的课程,占到了本科阶段学分数的三分之二(共计180学分)。剩余三分之一的课程主要是教育理论和实践课程,二者各占30学分。在本科阶段,教育理论的学习主要包括三个方面:一是基本教育理论知识,了解教育科学的基本概念,将教育(学)问题系统化;二是社会政治环境,掌握教育所处时代的特点和发展趋势;三是学校系统,学习学校教学理论教学实务。

硕士阶段的学生对将来所要教授的两门学科须学习30个学分,占到硕士阶段课程总量(120个学分)的四分之一。硕士阶段还增加了学科教学法和教育理论的学习比例,其中,教学法28学分,教育理论42学分,两门科目更加贴近将来具体的教学实践,旨在塑造未来教师的实际工作能力。在硕士阶段,教育理论的学习主要包括三个方面:一是教与学的理论与实践;二是教育科学研究方法,这一知识模块的学习越来越得到教师和学校的重视,扎实的教育研究方法更有助于教师理解学生学习和教育评价等实际问题;三是职业工作能力,主要包括师生互动能力、教学组织与管理能力等。由此可见,硕士阶段的教育理论学习较之本科阶段的教育理论学习更为具体和深入,这为学生今后的职业化发展提供了有效的保障。

(四)教师培养周期缩短

教师培养周期缩短是教师教育采用本科—硕士学位结构的直接结果。周期缩短的一个原因是各联邦州缩短了第二阶段教育见习的时间,这样教师就能够提早入职。在改革之前,经过系统的两阶段的培训后,教师入职的平均年龄为 31.8 岁,即以 19 岁上大学为起点,需要 12 年左右的培训,教师才能入职。德国各州已经将第二阶段的见习期从两年减为一年半,甚至只需一年,再加上大学阶段所节约的时间(本科 3 年加上硕士 2 年),这就大大减少了教师的培训时间,并使教师职业生涯的时间得以延长。

第三节 我国教师教育的改革与发展趋势

一、我国当代教师教育改革方向

我国的教师教育改革发展主要呈现出以下三个方向:

(一)加强教师职前教育的建设,加大改革力度

在我国的教师教育体系中,师范院校是最主要的一部分,为中小学培养了众多教师,是培养人才的摇篮,因此,加快师范院校的改革,使其整体的办学水平得到提高,是提高师资队伍质量和水平的先决条件。

1. 调整师范教育的培养目标,确立现代人才观和质量观

培养目标指的是培养什么样的人的问题,一定的社会政治和经济条件会对培养目标的确定产生影响,培养目标是培养人才的一种所期望的结果,一方面决定了对人才的特定的培养要求,另一方面也是教育活动所追求的终极目标。具体来说,培养目标主要有两个方面的目标:一是包括职业素质目标、基本素质目标的人才的素质目标;二是包括层次目标和类型目标的规格目标。面对未来,如何根据新课程的价值取向构建和确定 21 世纪的师范教育培养目标,以及为社会、经济、科技和文化的发展培养所需要的高水平的师资,是当前教师教育所面临的重大和紧迫的课题。从国际化的角度观察,我国的教师教育已从以量为本转向以质为本。必须对师范教育的培养目标进行重新定位和调整,树立现代化的人才观和质量观,从而为新一轮基础教育课程改革提供合格的、相匹配的教师。

在教师素质方面，新课程提出了很多新的要求，因此，教师急需更新自己的教育思想和革新教育理念，使之符合"以学生为中心"的新理念；要实现角色的转变，从原本的知识的传授者角色转变为学生的学习指导者角色。教师应该一方面是教育教学的实践人员，另一方面也是一个在教学实践中不断进行自我反思与构建的研究人员。教师应该从课程中被动的实施者转变为课程的开发与设计人员。在此基础上，就教学双主体之间的关系来说，教师应该积极构建一种新型的、合作、民主的师生关系。教师需要对自己的知识结构和能力结构进行改进，对自己的知识进行更新；需要具备终身学习的能力，具备开发课程的技术及交往、合作等能力；还需要紧随时代的潮流和学科的发展，采用全新的评价理念和方式等。新课程标准对教师的素质提出了更高的要求，这成为我们对教师教育目标进行确定的重要依据和基础。在新课程标准下，教师的培养目标应从以下几方面进行调整：

第一，始终坚持德、智、体全面发展的原则，秉承师德的高标准，使"人师"和"人"的双重目标相结合。

第二，重点培养教师对教学过程中所需要的基本方法、基本原理和基本技能的掌握。

第三，注重掌握并应用现代教育技术。

第四，具备终身学习的能力，拥有持续专业发展的能力。

第五，强调教师应具备从事教育教学研究的能力。

第六，重视人文和科学素质的培养，也就是说，要培养一批具有研究反思型的教师和可持续发展型的教师，培养能适应现代化发展的教师。

此外，随着科技的不断进步与社会持续发展，对师资的要求由数量向质量转变，这就对师资队伍的层级提出了更高、全新的要求。在我国，师范本科院校的培养目标会出现变化，将朝着培养具有硕士学位、学士学位的高中教师和具有本科学历的初中、小学教师的方向发展；师范专科学校的培养目标也会发生改变，由培养初中教师的单一目标转变为两种不同的目标——培养小学和初中教师转变。新一轮基础教育课程改革的内在需要使得对人才培养目标的要求也随之发生了变化。

2.调整课程结构，注重课程的基础性、综合性、专业性

当前的师范教育课程体系已不能满足现代社会对新课程需要的师资培养需求，必须改革教师职前教育课程。

（1）调整课程结构

第一，扩大基础课的范围，以全面提升学生的整体素质为目标，设置通识课程。通识课程在教师教育课程体系中属于基础学科，主要目的在于培养正确的人生观以及培养正确的世界观；培养人文精神，形成良好的个性，养成健全的人格与塑造教师的气质特征；积极调高认识事物、观察问题、解决问题的能力；加强处理适合关系以及与他人进行交流、沟通与合作的能力和水平。

第二，对学科专业课程进精简和优化。原本的学科专业课程过于强调系统，导致课程设置呈现向纵深分化的特点，导致专业课程的科目非常多，不成体系，没有突出的主干课。学生应该积极提高自己的综合素质以应对当前社会的流动性，增强自己的适应性，但是不能丢掉学科专业精深化的传统观念，学科专业课程必须做到精益化，但不能降低水平。要实现这一目标，应从以下几个方面进行改革：一是对专业课程的体系进行调整，对专业必修课门类进行减少，对课程内容间精简，同时减少课时数；二是增加学科专业选修课的所占比重。

（2）整合课程内容

学科专业之间因为学科发展的高度分化和高度综合，边界变得越来越模糊，许多研究课题已经不能用传统的知识板块来进行机械地划分了，交叉学科和边缘学科层出不穷，科学、技术与社会之间的关系变得越来越密切。这就需要在现代教育课程以及内容上具备综合性的特点，让学生可以在此基础上具备较为系统的知识体系，具备全面、综合的能力和全面素质。此外，在设置和实施基础教育综合课程的过程中，当前高等师范教育较为紧迫的任务是培养出具备综合学科知识，可以开发、编制、实施综合课程的教师人才。鉴于此，在师范教育改革中课程综合化的改革是非常重要的一个方面，其综合化的思想主要可以体现在指导思想、内容调整、课程设置和课程实施等方面。

师范教育教学改革应从三个方面入手。

第一，对学科专门课程与教育专业课程进行整合，将学科之间的界限打破，

实现课程与课程之间的有机联系，对课程之间的关系进行沟通，在实际的教学情境中将一些学科专门课程进行统一和协调，保证在教育专业知识的研究中充分应用学科。

第二，对教育专业课程进行内在整合，如可以开设一系列的小型独立课程，主要是由教师针对某一个学科知识形成速成概要，让每一个科目成为一个专题。

第三，增加综合课程，可以开设多样化、系统化的研究性课程，开设广域课程、交叉课程和融合课程等。与此同时，还可以将某一个研究活动作为研究的线索，聚集相关学科的教师，对主题进行研究，同时一起研究教学的材料和内容上的安排，保证在教学活动中，学生可以对多学科的知识点进行综合运用。

（3）强化实践性课程

在教师的培养过程中，实践性课程是重要环节，这是教师专业发展的实践基础。鉴于此，在对实践性的课程进行强化的时候应该做到以下几点：一是立足于教师的需求，突出其可操作性；二是根据教学发展和学校发展的需要，突出实践性与实用性；三是注重培养学生的创造性，注重实践性。为了强化实践性课程，可以在增加教育见习、教育实习的时间基础上开设一些课程，具体如下：一是课程论，重点为校本课程的理论和实务；二是教学论与教学法，主要是教育过程中所运用的基本方法、基本原理和基本技能；三是教育技术学，主要是制作课件以及运用多媒体；四是教育研究方法，主要内容为教师行动研究策略。不仅如此，还应该建立师范大学与中小学之间的合作伙伴关系，让师范生有可以进行教学实践的情景和场地。

（二）教师职后教育的变革

1. 改变培训理念

思想理念决定行为。在新的历史条件下，应该树立起与时俱进的教师教育理念，这不仅是时代不断发展的要求，也是基础教育课程改革的必然需求。立足于新课程教师培训的工作实践，可以分析教师教育发展趋势，从基础教育课程改革要求着手，主要从以下几个方面确定新的观念：

第一，聚焦深层次的构建，观念的更新主要得益于对课程的理解，借助通识教育实现对具体操作的统领，借助信息输入实现"经验"改造。

第二，坚持以实践为导向，树立解决实际问题的思路，提倡理论与实践相结合的学术风气，创造直接面对实际工作的情境。

第三，关注专业发展，需要特别注意教师专业素养的整体性，对教师专业需求的多样化和多元化进行分析，对教师专业发展的过程性和渐进性进行明确。

第四，重视参与、互动，激发教师的自主性、合作性，鼓励教师审视自我，不断提高自身体验，组织教师参与培训过程。

第五，要以学校为基础，教师发展的立足之地是学校，因此，教师进行研修的最佳场地就是学校。

2. 合理设计职后教育课程内容

纵观国内外的教育理论和实践，我们认为，在进行课程设计时，首先，应正确处理好人的发展和社会发展之间的关系，并将两者有机地结合起来。如果将两者分离开来，就会产生一种以"社会为中心"和以"受教者为中心"的倾向。其次，应处理好逻辑结构与心理结构之间的关系，在进行课程设计时应该在保持科学性的前提条件下，使得两者有机结合，克服"学科中心"和"受教育者中心"存在的缺陷。最后，需要处理好知识与社会需要之间的关系，也就是说，不仅需要兼顾知识系统，还需要兼顾社会需要。只有在对以上三种关系处理得当的基础上，才能进行科学的课程设计，防止出现"钟摆现象"。

（三）整合职前教育和职后教育，形成一体化的教师教育体系

教师教育不能一蹴而就，更应该是一种终生教育。国际教育界已经意识到，教师职前培训的效果并非是永久的和有限度的，不可能一次就把一名优秀的教师所需的全部知识、教学技能和情感都传授给教师，而在职培训也不能通过断断续续、孤立的方式改进和提升教师的教学行为，由此可见，教师的发展应当是一个终生、持续的过程。尤其是在当前社会对教师的要求与标准逐渐提高的情况下，职后教育的角色越来越重要，教师的职后教育任务的承担单纯地依靠教师进修院校是不可能完成的。为此，我们需要将职前教育与职后教育这两种形式进行整合，构建一套完整的教师教育系统，以满足新课程对教师素养的全面发展的要求，并在此基础上进一步提高教师素质。

何为一体化的教师教育？这主要指的是要与学习型社会的需求相适应，在终

身教育思想的指导下，以教师专业发展的理论为依据，计划和设计一系列的教师职前教育和职后教育，构建出一套在教师教育的各个阶段之间，既有各自的侧重，又存在着内在的联系的教师教育体系，也就是包括了一是师范院校和综合大学对教师的培养这一层面；二是政府部门、学校、各教育机构通过考试认定教师资格这一层面；三是对已经进入教育领域的教师进行提高教育的在职进修等，这是一种一体化的一系列的教师教育体系。

二、当代教师教育发展趋势

回顾 20 世纪后半期以来我国教师教育的发展历程，可以发现其呈现出如下鲜明的发展趋向：

（一）专业化

我国在 20 世纪 90 年代的教育界兴起了教师专业化的思潮。教育部颁布了《关于"十五"期间教师教育改革与发展的意见》，文件中明确指出，"以教师专业化为导向"是我国的教师教育改革与发展的原则。教师专业化，指的是与其他职业一样，教师这一职业是一种不可替代的专业性的工作，包含了一些素质要求，如专业技能、专业知识、专业情意。

（二）高学历化

我国的中小学的教师队伍随着教师专业化政策的推动，在教师教育改革不断深入背景下，趋向高等教育化，通常起点是本科，研究生在中小学任教的数量越来越多。

（三）信息化

当前信息技术的迅速发展，深刻地改变了教育的面貌。信息技术打破了时间和空间的局限，加速了教育知识的更新，提高了教师的教学水平，有利于培养学生的思维能力。各个国家对教育信息化给予了高度重视。

（四）多元化

本书所提的多元化主要指的是办学主体的多元化。不论是中国还是西方国家，都有一种以师范院校为主体的传统师资培训模式，这一模式对维持我国庞大的基础教育师资队伍发挥着不可忽视的作用。

（五）一体化

中国教师教育长期实行的是由师范院校承担职前教育，职后培训由教育学院和教师进修学校承担。现在"培养培训相衔接，职前职后一体化"是建成开放的教师教育体系中一项非常重要的内容，这与教师终身教育发展规律相符合。要想对这个问题进行解决，只是撤销教育学院和教师进修学校，或者将其与师范大学进行合并是不可行的，最为关键的是各类教师教育机构与院校之间的职能转换问题。

参考文献

[1] 李伟.教师教育学理论与知识体系研究[M].北京：中国国际广播出版社，2019.

[2] 马啸风.中国师范教育史[M].北京：首都师范大学出版社，2003.

[3] 曲中林，胡海建，杨小秋.教师教育的实践性研究[M].哈尔滨：哈尔滨工程大学出版社，2016.

[4] 孙晨红，张春宏，王睿.教师专业化发展与教师成长[M].哈尔滨：东北林业大学出版社，2016.

[5] 刘捷.专业化：挑战21世纪的教师[M].北京：教育科学出版社，2002.

[6] 金忠明.教师教育的历史理论与实践[M].上海：上海教育出版社，2008.

[7] 黄崴.教师教育体制国际比较研究[M].广州：广东高等教育出版社，2002.

[8] 孟宪乐.教师专业化发展与策略[M].北京：中国文史出版社，2005.

[9] 陈永明.现代教师论[M].上海：上海教育出版社，1999.

[10] 李其龙，陈永明.教师教育课程的国际比较[M].北京：教育科学出版社，2002.

[11] 穆惠涛，张富国.我国教师教育发展的问题及对策研究[J].国家教育行政学院学报，2015（1）：56-59.

[12] 关松林.发达国家教师教育改革的经验与思考[J].教育研究，2014，35（12）：101-108.

[13] 刘义兵，付光槐.教师教育一体化发展的体制机制创新[J].教育研究，2014，35（1）：111-116.

[14] 李玉斌.校本培训：教师培训新模式[J].电化教育研究，2002（3）：69-72，80.

[15] 杨天平，王宪平.国际教师教育改革发展的特征和趋势述要[J].当代教师教育，2009，2（1）：68-73.

[16] 邓涛，饶从满.论高素质教师及教师职前教育改革[J].东北师大学报（哲学社会科学版），2008（6）：50-56.

[17] 马敏，吴伦敦，肖静芬.现代教师教育体系新探——浅论教师职后教育的发展[J].教育发展研究，2004（5）：55-59.

[18] 赫慧.论终身教育视野下的教师职后教育课程建设[J].天津市教科院报，2013（2）：40-42.

[19] 于兴国.教师教育发展的趋势、因素及其策略研究[J].教师教育研究，2010，22（6）：15-19.

[20] 李士文.研训一体化的校本教师培训研究[D].北京：首都师范大学，2014.

[21] 李铁绳.我国教师教育专业化演进及其逻辑研究[D].西安：陕西师范大学，2019.

[22] 郑开玲.论教师职前教育专业化的转型[D].桂林：广西师范大学，2006.

[23] 姚海曼.专业化视角下我国教师教育的发展研究[D].武汉：武汉工程大学，2015.

[24] 田如琼.教师职前教育课程设置的两种模式的比较研究[D].重庆：西南大学，2006.

[25] 高静.高校青年教师职后教育对策研究[D].北京：首都经济贸易大学，2007.

[26] 杨婉.教师教育专业师范性研究[D].淮北：淮北师范大学，2015.

[27] 李文娟.教师教育衔接的理论与机制研究[D].曲阜：曲阜师范大学，2013.

[28] 苗学杰.融合的教师教育[D].长春：东北师范大学，2012.

[29] 崔红洁.改革开放以来我国教师教育政策研究[D].长春：东北师范大学，2014.